破局之光

陈轩 著

给创业者的36计

企业管理出版社
ENTERPRISE MANAGEMENT PUBLISHING HOUSE

图书在版编目(CIP)数据

破局之光：给创业者的36计 / 陈轩著. -- 北京：企业管理出版社，2024.3
ISBN 978-7-5164-3039-2

Ⅰ.①破… Ⅱ.①陈… Ⅲ.①创业 Ⅳ.①F241.4

中国国家版本馆CIP数据核字（2024）第055457号

书　　名	破局之光：给创业者的36计	
书　　号	ISBN 978-7-5164-3039-2	
作　　者	陈　轩	
策　　划	张　丽	
责任编辑	张　丽	
出版发行	企业管理出版社	
经　　销	新华书店	
地　　址	北京市海淀区紫竹院南路17号	邮　编：100048
网　　址	http://www.emph.cn	电子信箱：lilizhj@163.com
电　　话	编辑部18610212422	发行部（010）68701816
印　　刷	三河市荣展印务有限公司	
版　　次	2024年4月第1版	
印　　次	2024年4月第1次印刷	
开　　本	787mm×1092mm　1/32	
印　　张	6.125	
字　　数	80千字	
定　　价	36.00元	

版权所有　翻印必究　·　印装有误　负责调换

创业的本质就是破局

这19年来,陈轩与300多位创业者并肩战斗过,创业者是一个陈轩非常熟悉的群体。闭上眼,头脑中就能闪出他们的面孔,听到他们的笑声:

> 焦灼的眼神、炙热的梦想、悲观与乐观交错、坚持与疲倦混杂、长夜痛哭后毅然上路、一片废墟上从头再来、四面楚歌的搏杀中孤注一掷、一次又一次绝望里寻找希望……

创业就是修行,从内省之明进入外观之识,从潜意识到意识,从跟原生家庭的和解到跟自己的和解,从征服自我到征服外在,从一板一眼到随心所欲不逾矩,从枝叶扶疏、妄论短长到大本大源、智慧通达。

创业者是中国经济的发动机,他们创造税

收，解决就业，直面变幻无常的市场风云；在攀登高山的独行中，见天地，见众生，见本心；他们是国家民族的脊梁，需要全社会的支持和激励。

创业的本质就是破局，破开传统的商业模式，破开传统的品牌定位，破开传统的产品定义，破开传统的增长路径，破开传统的核心资源，破开传统的推广方式，破开传统的认知局限，破开传统的合作方式，破开传统的销售模式，先破而后立，裂变升级，打出自己的一片天。

预知前方路，且问过来人。本书作者陈轩根据19年来的创业实战营销经验，提炼出送给创业者的36个破局之策。毫无疑问，创业最大的瓶颈，就是创业者自己，就是创业者自身的认知和格局的局限。希望这36个破局之策，能成为创业者的人生变量，帮助创业者反思爆破，打造出自己价值不菲的商业王国。

19年来一线实战，300多个跨行业、跨领域、跨品类的营销实战，使陈轩获得了更高维的商业认知、更深刻的市场体感、更实效的破局经验。本书是陈轩对创业者的回馈和支持，适用于企业家和创业者团队高管集体复盘反思。教学相长，在实践中如有任何疑问，请您毫不犹豫地联系陈轩的专属答疑微信（chenxuan008beijing）。

祝您赢在当下，攻城略地，所向披靡！

2024 年 1 月

目录

PART1　看透

1. 内圣外王，知行合一 …………… 002
2. 无本万利，病毒循环 …………… 006
3. 人若无名，低头练剑 …………… 012
4. 分工交换，共创价值 …………… 016
5. 一点切入，全面繁荣 …………… 022
6. 梦幻泡影，五蕴皆空 …………… 026
7. 知命改命，只需5年 …………… 030
8. 大道至简，重剑无锋 …………… 036
9. 流量为王，决胜点位 …………… 042

⑩ 小胜凭智,大胜靠德 ……………… 046

⑪ 移动社交,内容破圈 ……………… 050

⑫ 好货不贵,7步爆单 ……………… 054

PART2　想通

⑬ 倒做品牌,逆做渠道 ……………… 060

⑭ 垂直整合,首尾呼应 ……………… 064

⑮ 明心见性,直指人心 ……………… 070

⑯ 品牌定位,价值共振 ……………… 074

⑰ 细分需求,巧打广告 ……………… 078

⑱ 微小创新,复制成功 ……………… 082

⑲ 爆品战略,赢在起点 ……………… 086

⑳ 公域变现,私域复购 ……………… 092

㉑ 先做IP,再做矩阵 ………………… 098

㉒ 网红经济,百倍增长 ……………… 104

㉓ 视觉锤子,语言钉子 ……………… 110

㉔ 吃透人性,事半功倍 ……………… 116

PART3　做到

- ㉕ 产品内容，投放模型 …………… 122
- ㉖ 社交裂变，反向定制 …………… 126
- ㉗ 双向奔赴，迅疾引流 …………… 130
- ㉘ 借势热点，碰瓷自黑 …………… 136
- ㉙ "四两千斤"，"软柔轻快" …… 142
- ㉚ 利益情感，打造爆款 …………… 148
- ㉛ 刀尖跳舞，三级分销 …………… 152
- ㉜ 意见领袖，种草变现 …………… 158
- ㉝ 公域流量，既贵又假 …………… 164
- ㉞ 私域营销，便宜好用 …………… 170
- ㉟ 金融属性，指数裂变 …………… 176
- ㊱ 认清自己，招对人才 …………… 180

PART 1
看透

1 内圣外王,知行合一

案例观察

胖东来的大爱之道

胖东来是一家营收近百亿元的连锁超市企业。尽管它位于三、四线城市,规模不大,却引起广泛关注,连一些商业大佬也对其表示赞叹,认为它引发了零售业的新思考,是企业的一面旗帜。

陈轩认为,令胖东来声名鹊起、独步江湖的,正是它的"大爱之道"。陈轩总结为"胖东来的三级火箭"模式。

一级火箭:胖东来照顾好员工。这保证了组织的向心力,激活了员工的内驱力。

二级火箭:员工替胖东来照顾好顾客。这保证了组织的价值感,激活了顾客的口碑传播。

三级火箭:顾客照顾好胖东来。这保证了组织的盈利情况,激活了体系的良性循环。

大道理都懂,但如何落地呢?

胖东来采用"四步走"模式。

第一步,在家庭情感式领导下,形成"公平、自由、快乐、博爱"的企业文化。创始人于东来坚信:只有在企业内部构建起相对公平的组织氛围和价值理念,员工才能获得自由感并能够自由地发挥其创意,进而才能在工作和生活中感到真正的快乐并将快乐传递给顾客,才能构建起一个博爱的团队。

第二步,招聘和培养满足感强和快乐的员工,鼓励员工将快乐传达给顾客。为了让员工快乐,胖东来员工每年有近90天的假期;每一家店都有员工的健康娱乐中心;有专门负责员工文化娱乐生活的组织。

第三步,进行服务创新、完善服务流程、开发服务项目,打造服务方面的竞争优势,形成新的营销模式,进而为顾客带来独特的利益和价值体验。胖东来有10大部门,共有130多种岗位,其中关键的44种岗位都制定了岗位实操手册。

胖东来以"目标、自主、专精"为要求来激励员工，还为员工制定了详细的人生规划表、工作规划表、生活规划表等。

第四步，以真挚的情感、极大的魄力对员工进行利益让渡。 胖东来拿出 50% 的纯利润分给员工，对星级员工不仅实行大额度的物质奖励，还通过分股的方式将利润补贴给员工。

② 无本万利，病毒循环

保险公司"人带人"做破局

陈轩曾经用三句话总结过保险行业的破局模式：

第一茬，把招募来的新员工发展成客户；

第二茬，将新员工的十亲九眷、同学同乡、同事同行等熟人圈子发展成客户；

第三茬，开除掉没有利用价值的员工，再招募新员工。

循环往复。保险公司赚钱的发动机，就是员工的招募、培训、发展下线和优胜劣汰的循环往复。所以你会看到：保险公司永远在招人，甚至你并没有投简历，它也会骚扰你。保险公司永远在开会培训，永远在讲梦想、讲一夜暴富。

陈轩的几位营销工作合伙人，为了借鉴学习保险公司的玩法，都在不同时期加入过不同的保险公司，从最底层做起，获得了最新、最宝贵的数据。

保险公司将员工分为4个等级。

▲入职3个月以内的员工，约占员工总人数的三分之一，主要培训其保险理念，目的是让他们给自己和家人朋友等核心圈子买保险。这一步就是将员工变成客户。

▲入职4到6个月的员工，约占员工总人数的三分之一，主要培训其增员的理论，目的是告诉他们光靠自己是不行的，需要做团队。这一步是利用员工来撬动他们的熟人圈子，将他们的十亲九眷、同学同乡、同事同行变成保险公司的客户。

▲入职7个月到一年的员工，约占员工总人数的四分之一，主要培训其管理理论，让他们做组织发展，目的是让员工去发展下线，然后让下线去发展自己的核心圈子和熟人圈子买保险。

▲入职一年以上的员工，约占员工总人数的十分之一，他们都是主任或高级主任，主要研究如何让新人，也就是一年以内的新人出单和

增员。

看出来没有？

保险公司不做任何无用功。员工＝客户，员工的至亲＝客户，员工身边的熟人＝客户，员工身边的陌生人＝客户。从某种角度讲，保险公司的人事架构就是一步步利用员工的社交圈卖产品的过程。这是典型的圈层营销。

保险行业不做赔本的买卖。员工贡献自己的社交圈来完成销售任务，一旦圈子的资源被吃干榨净，不能继续提供新客户，员工就被抛弃了。正所谓，铁打的主任，流水的新人。

新人进公司后第四个月就开始考核，3个月一考核，"3、6、9、12"，都是考核月。考核的标准是3个月最低出3单，每单必须是6000元以上，车险无论多少只能算一单。如果达不到，考核就不合格，可能就得走人。

新人分为25岁以下的和25岁以上的两种。

（1）25岁以下的新人前3个月有责任底薪，每个月的责任底薪是1200元，前提是你当月的佣金要达到4000元，也就是说你每个月要出一万元以上的单子。3个月之后连责任底薪也没有了，只有提成奖金。

（2）25岁以上的新人，前3个月每个月的责任底薪是2500元，前提是当月的佣金要达到4000元，也是每个月要出一万元以上的单子。如果达不到，从第四个月到第一年结束，每个月就只有1200元的底薪。

以上是保险公司的薪酬结构。其实保险公司是没有底薪的，只有责任底薪，只是他们把责任底薪叫作训练津贴。也就是说，保险公司并不给你发钱，你的所有薪酬都是自己挣出来的。为什么25岁以上和25岁以下员工的待遇不一样？因为他们社交圈的价值不一样。

接下来说一说保险公司开发客户的流程。

首先，保险公司每个月都会有大小不等的创业说明会。会议的形式没有别的，就是让"老人"现身说法，例如，让员工讲讲自己如何从普通的受尽委屈的家庭主妇变成年入百万的成功富婆,然后开始讲各种福利待遇。

如果你被成功"洗脑",就安排你进入7天的新人班培训,给你讲保险的伟大意义和功能,目的是让你在7天培训结束后赶紧给自己和家人买保险。

等你给家人买完了保险,下一步就让你去做增员,拉新人进来卖保险。这时候很多员工就会走掉。

就这样,三五个月的时间,你的圈子被开发了好几遍,你的亲友变成了保险公司的客户,而整个过程,保险公司一分钱都不用出,就是搭建了一个平台,制定了一套游戏规则,赚得盆满钵满。

这种商业模式其实很厉害,被很多跨行业的创业者借鉴和模仿,比如用卖保险的方式卖网课,用卖保险的方式卖酱香白酒,用卖保险的方式卖医疗美容。

陈轩总结过,适合这类打法的产品有3个特点:一是客单价高;二是毛利高;三是成瘾性强。有了以上3个标准,股权众筹和产品众销就可以迅速开展,你可以衡量和反思一下。

3 人若无名，低头练剑

喜茶的积累和创新

任何行业都是内行"杀"外行。创业者"杀"VC（Venture Capitalist，风险投资人），种子轮投资人"杀"天使轮投资人，天使轮投资人"杀"A轮投资人，一线基金"杀"三线基金，明星投资人"杀"草根投资人，草根投资人"杀"土豪。创投行业是个更讲究用营销和炒作来获利的行业，知道这一点，很多品牌的成功秘诀你就秒懂了。

奶茶行业的再崛起，是一场社会实验。它成功将诺贝尔奖获得者理查德·塞勒（Richard Thaler）提出的所谓"社会人"筛选出来了，这些"社会人"的典型特质是"从众性、情绪化、非理性、不自律"。

雇人排队，这玩法是奶茶网红店的基本套

路，专业排队的群演公司和价格是透明的，甚至同行的组织架构和员工名录等，也都是手到擒来。

从雇人排队当"药引子"，到真人排队"熬中药"，奶茶行业可谓心机满满，套路深深。这句话不是贬义，任何成功的行业其实都一样，正所谓"自古深情全无用，总是套路得人心"。

以上是营利模式和营销打法，从产品角度看，奶茶产品力的强悍到底在哪儿？

——是成瘾机制！

· 成瘾机制＝高糖 or 高盐 or 高脂。有这些要素的食物，就能令你的大脑呈现病态的奖赏机制，鼓励你一直喝下去、吃下去。从南到北，从东到西，你想一想所谓的美食，哪个不是特别咸，或者特别甜，或者特别油？

喜茶赖以成名的芝士茶，就是典型的"成瘾产品"：高糖不用说了，为了怕你腻，用冰块麻痹你的味觉；高脂呢，当然是为了独特在茶里面添加的芝士。成瘾排名：芝士茶＞珍珠奶茶＞水果茶。大家可以思考一下近年风头很盛的"夸父炸串"和"喜姐炸串"。

奶茶店的崛起，从产业层面看，其实是对传统饮品行业的终端拦截；而喜茶的崛起，从产业层面看，是对传统茶馆的迭代升级。

喜茶的创始人是 1991 年出生的江西人聂云宸，他虽然出身普通，专科毕业，但大脑敏锐，敢于折腾。他 19 岁就开了一家手机店，21 岁开了第一家奶茶店，3 年后拿到 IDG 资本的投资。如今，喜茶全球拥有 3200 多家门店，估值达到了 600 亿美元，成为新茶饮的代表品牌。

4 分工交换,共创价值

蜜雪冰城的"千分之一"

蜜雪冰城，有个藏得特别深的成功秘密，它的表述是：

只服务三、四线追求性价比的人群，传递低价的价值，卖给消费者"价格只有其月收入千分之一"的饮品。

可以说"千分之一"已经道尽了蜜雪冰城所有增长的内幕——低价战略。

陈轩抓取了 2023 年 8 月蜜雪冰城北京某加盟店的销售记录：

该店一个月卖了 38 万元的产品，共计 2.9 万单，客单价平均只有 13.1 元。

如果你是月薪 13100 元的白领，蜜雪冰城只需要你收入的"千分之一"，就能让你每天品尝到它的甜蜜蜜。蜜雪冰城的品牌自白是：我价格便宜，卖相也不差，味道还不错，之所以能卖爆，全靠"高大上"的同行衬托。

商业破局中，有两个数据特别重要，一个是转化率，另一个是重复购买率。相比喜茶和奈雪的茶动辄二三十元的高端定价，蜜雪冰城2块钱的冰激凌、6块钱的柠檬水、8块钱的霸道奶茶，对消费者而言，无疑更具有吸引力，而且是长久的、持续的吸引力。通过低价，蜜雪冰城一口气越过了两道致命的关卡。

这其实就是企业战略定位问题。

陈轩之前讲过，任何问题，想要解决，都需要高维度的思考。品牌解决不了产品问题，促销也解决不了渠道问题。但更高维度的战略，可以解决销售、品牌、产品、渠道、价格等相互铆合、错综复杂的低维度问题。对蜜雪冰城来说，那就是低价战略。

蜜雪冰城的灵魂人物张红超，在做奶茶之前，做过刨冰，养过兔子，养过鸽子，种过党参，修过摩托车，当过电工，开过饭馆，完完全全的底层出身。正是这种特别下沉、接地气的生活经历，使他对市场趋势和消费者的深层需求抓得特别准。

蜜雪冰城的发家史，就是极致的性价比一次又一次发挥威力的历史。2006年，一种日本进口的蛋筒冰激凌火爆河南，价格高达20元，张红超嗅到了机会，自研材料和工具，将冰激凌价格打到了2块钱，成本不到1块钱。

极致的低价，迅速引爆市场，食客疯狂要货。张红超的亲朋好友迅速成为蜜雪冰城第一波加盟商，张红超的弟弟张红甫也加入了蜜雪冰城。2006年2块钱的冰激凌研发成功，2007年蜜雪冰城的加盟商就来了20个，2008年加盟商更是冲到了50个。

蜜雪冰城1997年创立，前10年只有1家店，从1000家扩大到10000家，用了6年，从10000家扩大到32000家，用了3年。2023年前9个月，蜜雪冰城实现收入150多亿元，净利润为25亿元。这一切成就的根基还是那四个字——"千分之一"。

定位的本质是细分，广告的本质是种草，产品的本质是拿捏，营销的本质是投放。创业者本身都是玩"0"到"1"的狠角色，一定要现实，一定要理性，不要动不动就玩差异化！

原因很简单：差异化的结果，必然是高成本和高价格。高成本你没利润，高价格你卖不掉，还谈何创业？

高端差异化的事，蜜雪冰城也做过。蜜雪冰城如今这么坚决地选择低价战略，就是因为它做过高端化，而且吃了亏，想明白了。

2009年，蜜雪冰城想进驻当时郑州顶级的商场——大上海城，但因为"档次不够"被拒。张红超受了刺激，要玩高端：在郑州实验中学附近开了第一家高端店，原料从自产的冰激凌粉换成了康派克冰激凌奶浆，高价购入美国泰勒冰激凌机，专门派人去DQ（Dairy Queen，冰雪皇后）卧底学习。结果两年不到，关门倒闭。

张红超自己总结教训：

做高端,到底是消费者的需求,还是自己的虚荣心?

老老实实卖自己最拿手的低价产品就行了,千万不能装!

搞经营和过日子一样,适合自己的才是最好、最重要的。

5 一点切入，全面繁荣

案例观察

优衣库的基本款

优衣库是日本迅销集团旗下的服装零售品牌，创立于1984年。优衣库主打基础款服装，以简约的设计、高品质的面料、合适的价格，满足不同人群的日常穿着需求。这一战略帮助优衣库在快时尚市场中脱颖而出。2023年10月，优衣库母公司迅销集团公布的财报显示，截至8月底的12个月内，优衣库大中华区收益同比增长15.2%，达到36202亿日元（约合人民币303亿元）。

基本款战略就是优衣库成功的切入点。优衣库的基本款战略具有三个显著特点。

一是质量优于数量。

与大多数追求快时尚潮流的品牌不同，优衣库不盲目追求繁华易逝的流行，拒绝无边界随心所欲地开发新款式新产品。

优衣库专注于生产高质量的高频刚需、舒适性和实用性兼具、能通过规模效应持续降低生产成本的都市基本款系列服装。

二是持续的技术创新。

优衣库推出的基本款服装,简单而不简约,其在面料方面的技术创新更是一绝。例如能锁热的 HeatTech 系列、能吸湿排汗的 AIRism 运动系列等。因此,优衣库更被认为是一家技术公司,而非单纯的时尚服装公司。这些创新面料实现了功能性和舒适性的结合,重新定义了舒适服装和休闲服装,最终实现了服装的简约、实用、高性价比和高舒适性,使优衣库成为全球知名的快时尚品牌。

三是注重合作。

优衣库的全球品牌大使包括众多领域的知名人士,如网球运动员罗杰·费德勒(Roger Federer)和高尔夫球手亚当·斯科特(Adam Scott)等,优衣库还与迪士尼、卢浮宫以及知名艺术家安迪·沃霍尔（Andy Warhol）等合作，这些合作增加了优衣库品牌的多面性和全球知名度。

6 梦幻泡影,五蕴皆空

案例观察

如何拯救钟薛高

钟薛高、花西子、拉夏贝尔等品牌的增长困境，陈轩认为，本质上都是高端品牌在大众化的过程中，由于时机和渠道不匹配、没有跟进消费降级大趋势，所遭受的群体殴打。

陈轩用一句话总结：所有不迅速跟进消费降级的消费类品牌，都会在将来某一时刻消失！

这10年来，快消行业的新品牌，都面临两个挑战：

一个挑战是要搞定资本，让资本家允许你烧流量、突破线上；另一个挑战是搞定线下渠道，把虚的变成实的，把声量变成销量。

数字营销在破局阶段至关重要，但搞定线下渠道，才是长远的制胜之道。你回忆一下，多少如雷贯耳的线上快消品牌，在从线上切换线下的惊险一跃中，一败涂地，成为后来者的谈资？

有资本加持，创业者肯定砸得动线上，但只有资本，肯定撬不动线下，结局往往是：一年烧钱一年爽，三年烧钱都消亡。

陈轩认为，中国的快消品市场可以分为三个阶段：1990年到2005年是消费普及阶段；2005年到2019年是消费升级阶段；2019年至今是消费降级阶段。

专注高端用户的京东和天猫增长乏力，而专注三、四线城市的拼多多崛起；专注高端用户的宝马、川崎、杜卡迪，其摩托车价格崩溃，五折甩卖，而专注低价和实用的电动自行车销量暴涨；专注品质和氛围的喜茶和奈雪的茶增长乏力，而专注低端市场和下沉市场的蜜雪冰城却逆势开店3万多家。

以钟薛高为代表的新品牌，必须逐渐走出纯DTC（Direct to Consumer，直接面对消费者）打法。只有抢占全国数万计的夫妻、便利店以及大型连锁店，拼命杀入全国数千万计的销售网点，抓下沉市场的 10 多亿普通人，才能突破百亿销售额，成就伟大的品牌。

钟薛高可以对标一下加多宝。陈轩 2013 年帮加多宝做过品牌营销。当时加多宝经过 18 年的精耕细作，线下渠道覆盖率已经达到了惊人的 92%，所以，尽管面临竞争对手的干扰和改品牌名称的冲击，当年加多宝的销售额还是轻松达到了 250 亿元。

总之，跟线下相比，线上所谓天猫、淘宝、京东、拼多多销售的那点量，不够心急火燎做增长的钟薛高塞牙缝的。线上跑通流量，真的只是钟薛高万里长征的第一步，等待它的还有九九八十一难。一点网民质疑算不了什么，真正的考验是在线下和下沉人群。

7 知命改命，只需 5 年

太二酸菜鱼 7 个月回本

太二酸菜鱼的目标客户是年轻的职场中人和学生,客单价在 70 元到 90 元。餐厅的面积是 200 到 300 平方米,一、二线城市每家店的单日营收在 4 万元,新一线和三线城市以下约为 3.5 万元,餐厅数量也是聚集在一线和新一线城市。据统计,新店开业 7 个月就能回本。

太二酸菜鱼从创业到成功,仅仅用了 5 年时间:营业收入从 2016 年的 6000 万元、2017 年的 2.4 亿元、2018 年的 6.2 亿元、2019 年的 8.63 亿元一路增长到 2020 年的 12.7 亿元,帮助母公司九毛九集团 2020 年 1 月 15 日在香港交易所主板上市。上市后第二年,太二酸菜鱼的营业收入达到了 32.9 亿元。

太二酸菜鱼之所以如此受到年轻人追捧,有

四个原因。

第一个原因也是最为关键的原因，即精准的市场定位。

太二酸菜鱼的品牌定位非常清晰，就是"酸菜鱼界的网红"。这个定位不仅符合"抓着品类做品牌"的打法，而且精准地抓住了年轻消费者的心理，尤其是"90后""00后"们。他们追求新鲜、个性、有趣，而太二酸菜鱼的品牌形象正好满足了他们的需求。

第二个原因是口味独特，成瘾力强大。

又酸又辣又麻，容易让人上瘾。这是因为辣本身是一种痛觉，吃辣时大脑就会分泌出多巴胺，让我们快乐起来，所以辣的食物会让人容易上瘾。我们称之为品牌驯化，这是产品设计中很深层次的设计。同时，太二酸菜鱼采用了独特的酸菜发酵工艺，让酸菜鱼的口感更加鲜美。

第三个原因是极其差异化的品牌形象。

太二酸菜鱼凭借其独特的品牌形象和文化氛围，在众多竞争者中脱颖而出。它不仅强调菜品本身的特色和质量,还通过独特的装饰风格和店铺氛围,创造了与众不同的用餐体验。太二酸菜鱼的营销非常强势,尤其是线上营销。太二酸菜鱼善于利用社交媒体,通过各种有趣、搞笑的营销内容,迅速吸引了年轻消费者的注意力。

第四个原因是极简的标准化运营体系。

太二酸菜鱼的菜单极其简单,只有24个SKU(Stock Keeping Unit,最小存货单位),口味只有一种——麻辣味,规格只有三种——1—2人份、3—4人份和土豪份,配菜只有金针菇、豆腐、粉丝和红薯粉。

服务流程上,除了门口接待和上菜,从等桌、点餐、加水、加菜到开发票,所有的服务都由顾客通过手机自助完成。

服务场景上,取消了生日、社交、应酬、商务等场景,店里只设置了2人桌和4人桌,专注于就餐场景。

太二酸菜鱼的极简运营,不仅使得出餐快,还直接提升了翻台率,在太二酸菜鱼的平均就餐时间只有45分钟,翻台率高达4.29,快追上海底捞了,这也为品牌连锁的快速扩张提供了保障。短短5年时间,太二酸菜鱼从一家店扩张到126家店,创造了餐饮行业的破局传奇。

读书笔记

8 大道至简,重剑无锋

小米从品牌到平台的进化

大家可能听过《罗辑思维》这档节目,早先它是罗振宇先生的脱口秀,后来听的人多了,就成了平台;papi酱的短视频呢?原来是"90后"姜逸磊的脱口秀,现在papi酱与别人成立了短视频MCN(Multi-Channel Network,多频道网络)机构papitube,但还不够火,所以它还只是个品牌。

品牌是怎么创立的?如何进化成平台?首先,要靠爆品带来低成本的流量,流量滋润之下,品牌宝宝出生了;然后,流量越来越多,就成了平台。比如,"5年时间圈到了2亿17岁到35岁的用户"的小米,如今不只是一个手机品牌,更是一个几乎无所不卖的电商平台了。

品牌和平台,是流量发展的两个阶段。品

牌是平台的根基，是流量孕育的 IP 雏形；平台是品牌发展的高阶状态，也是流量帝国辉煌的水晶宫。

平台的流量是现实的、稳定的、规模化的，而品牌是平台构建的初步形态，是策略的"一点突破"，是商业的萌芽。爆品，不只是冲着打造品牌去的，爆品的野心是做平台。只有当"品牌平台化"，建立好锁住流量的矩阵之后，企业才算真正松口气。比如，小米手机与小米生态链；再如，《罗辑思维》与"得到"APP。

品牌与平台的本质区别是"复制"。

雷军的小米生态链的本质是想再复制出无数个小米手机的成功；罗振宇"得到"APP的本质是想再复制出无数个《罗辑思维》的成功；京东切入图书、大家电、母婴用品，四面出击就是为了复制出无数个 3C 品类的成功而已。

当然，也有复制失败的，比如，想复制无数个乐视网的盲目狂奔的乐视集团，还有对品牌和平台没有深刻理解而盲目用运营平台的方式去做品牌的凡客诚品。

爆品养成，初期任务是导流量、做品牌，要的是曝光和销量的双提升；后期任务是要做平台，做好矩阵，永久锁住流量。根本目标还是降低流量获取成本。

厘清了品牌和平台的关系，接下来，陈轩分析一下究竟该如何借助爆品做平台。回答这个问题之前，我们要琢磨一下：乐视为什么失败？小米为什么成功？

平台的本质是独特优质资源的独占和运营，是以外部互动为特点的生态系统治理，是从供给侧的规模效应到需求侧的网络效应。乐视和小米，一个是生态化，一个是互联网思维。从爆品的视角来看，就是导流圈粉。但流量有那么好导？粉丝有那么好圈吗？

为了圈粉丝，乐视简单粗暴地用钱砸。

卖一台手机赔300元，卖一台电视赔700

元，成本前置，要求团队有极强的融资能力和足够好的运气。

小米比较稳，靠高性价比的产品圈粉。

小米以高性价比的产品为武器，例如：推出 2500 元的手机，打败了当年的"中华酷联"（中兴、华为、酷派、联想）；推出 700 元的空气净化器，完败动不动上千的同类产品；推出又好看又好用的插线板，干掉了毫无美感的"蚂蚁军团"；等等。小米摧枯拉朽般重新定义了市场，仅用 5 年时间圈到 2 亿粉丝，满足了平台对流量的渴望。

小米是流量驱动型的组织，有高出品牌维度的平台思维，玩的是以生态为核心的协同策应，不能用工业化时代的传统定位法则来束缚和界定。

亚马逊创始人杰夫·贝索斯（Jeff Bezos），说过一句蛮有意思的话：

"零售商分两种，一种是想方设法怎样多赚

钱,一种是想方设法为顾客省钱。我们属于第二种。"

亚马逊打折产品占到总SKU的56%,而沃尔玛才17%,高性价比的产品是亚马逊和小米的导流武器和圈粉武器。其实这是一条比较稳妥的从品牌到平台的发展路径。

9 流量为王，决胜点位

案例观察

瑞幸咖啡的 O2O 打法

2020年受新冠疫情冲击,餐饮业一片哀嚎,连西贝都差点断了粮,而曾因财务造假21亿元被捶得鼻青脸肿的瑞幸咖啡,竟然实现了逆势飞扬,而且是大幅度逆势增长:前三季度的单季收入分别同比增长18.1%、49.9%和35.8%。

回顾瑞幸咖啡创业之初,可以说其一出手,每一招都是奔着流量去的!

瑞幸咖啡猛砸精准定向品宣,猛砸LBS(Location Based Services,基于位置的服务)周边吸量,猛砸分众"种草",用首单免费吸引客户,买二赠一、买五赠五做流水,品销合一,既准且狠!但最狠的一招你知道是什么吗?

最狠的一招就是——流量局面打开之后的迅

猛开店！项目一启动，瑞幸咖啡就迅速开出300多家直营门店！

首先，这300家直营店，从根本上解决了流量的归属问题。

陈轩认为，任何商业的本质都是现金流游戏。现在不少品牌做线下渠道的死结是好点位稀缺、流量稀薄、租金太贵、能导流的人员太贵；但瑞幸咖啡的O2O（Online to Offline，线上到线下）打法，完美地绕开了这些问题。有了线上流量，线下点位就不是大问题；有了线下300家直营点位，线上流量就不是问题。

其次，这300家直营店，从根本上解决了资金的安全问题。

商家把钱花在广告上，花在人员薪酬上，花在房租水电上，往往是什么都落不下；但如果是把钱花在建设O2O体系上，那可真的很划算。说到底，一旦这个生意不好，原班人马、原有店面，可以随时换其他项目，随时加新SKU。

最后，这300家直营店大大提升了这个创业项目的成功概率。

咖啡是随机消费，咖啡外卖这种项目，便利性是一切的根本。逆着做品牌、针对目标顾客做销量，加上产品本身物美价廉，可以说是锁定了胜局。

咖啡本身有成瘾性，瑞幸咖啡的产品力足够了，其项目打造的就是"非专业顾客的随机消费场景"。所以用迅猛开店的方式，保证随叫随到的便捷性，就成了一切的核心。

而开店这件事，一定是这支创业团队之后最耗精力和资源的工作。为什么？因为引流简单，管理难。引流只需有钱，而管理会面临太多不确定因素。

一手引流线上获客、一手管理线下服务（APP下单、门店服务），是非常典型的O2O打法。但O2O后面这个"O"，从销售重于产品的咖啡品类的战略构建来看，明显更重要！

10 小胜凭智,大胜靠德

案例观察

加多宝的利益共同体

2013年5月,陈轩以营销顾问的身份,帮加多宝做品牌传播策略,因此,对加多宝印象很深。

加多宝是典型的分权制管理。

总裁麾下有8位集团总经理,分管战略、研发、品控、工程、营运、营销、人力行政和财务。这些总经理大多数都是10年以上的老加多宝人,他们的忠诚度、能力、格局历经了战火的充分洗礼和检验。

对于加多宝这样的快消品,营销是成功的关键因素。可以说,加多宝是营销的"黄埔军校",当时其产品风靡全国,甚至被淘汰掉的"半成品"也被同行当作香饽饽抢了去。

加多宝内部的分工极其细化和专业。若把

其组织架构图拿出来，一般人看了会眼晕。加多宝的高层分权稳定，中层踏实忠诚，基层福利到位。可以说，加多宝树大根深，相当坚固，真正是铁打的营盘。

加多宝有企业内刊，内刊的名字叫《般若》。翻看后你会发现，《般若》不像其他企业办的内刊那样，满是"打鸡血文"，它刊登的内容涉及企业的自省、自励和自我修行。在加多宝做顾问期间，陈轩印象比较深的是，有一次加多宝团建去厦门，把公司的保洁都带过去了，而且公司保洁都有五险一金，福利齐全。正所谓"小胜凭智，大胜靠德"。

一个小小罐头厂，经过18年拼搏，将一罐凉茶卖出了200多亿元。这里的不容易，只有做过实业、做过营销的人，才能体会吧。

当时面对红罐装潢权的争夺和一夜改名的无奈，品牌资产的转移和重新定位的选择成为营销的关键，陈轩的主张是后退一步，因为公道自在人心。陈轩梳理和提炼出加多宝的品牌精髓——

奋斗者精神。当时是 2013 年,加多宝正好成立 18 年,因此,陈轩为加多宝制定的整合营销传播的总策略就是一句话:

"加多宝,奋斗 18 年!"

薪火相传、传帮带,是实业的传统。我们能从加多宝身上学到的绝不仅仅是营销上的见识,更多的是自强不息的创业者精神、对产品精益求精的执着,还有更宝贵的——踏实务实、专注敬畏和谦虚感恩的人生态度。

11 移动社交，内容破圈

案例观察

SHEIN 如何做到销售额上千亿元

跨境 B2C（Business to Consumer，企业对消费者的商业交易模式）快时尚品牌 SHEIN，2008 年成立，以自建网站、自主 APP 和亚马逊为渠道，销售服饰、鞋履、美妆、家居等多个品类，辐射全球 2000 万活跃用户。2020 年，SHEIN 营收 100 亿美元，同比增长 250%；2021 年，SHEIN 营收 160 亿美元，同比增长 60%；2022 年，SHEIN 营收 227 亿美元，同比增长 42%；2023 年，SHEIN 营收逾 300 亿美元，同比增长超过 30%。SHEIN 已经成为全球最大的时尚电商平台之一。

陈轩梳理一下，SHEIN 的成功有三大关键。

成功关键一：供应链整合管理优势。

SHEIN 拥有超过 300 家的成衣供应商，培养了 100 多个面料辅料供应伙伴。通过与中小供应商建立高黏性的合作，SHEIN 建立起完善的柔性供应链生态。这些保证 SHEIN 一年 365 天的上新率，日均上新 5000—7000 个 SKU，成品交货需三到七天，爆款加单仅需三到五天。所售商品全部空运给消费者，保证全球 220 个国家和地区都能在六到十一天到货。

成功关键二：数字化营销运营优势。

SHEIN 的创始人许仰天做 SEM（Search Engine Marketing，搜索引擎营销）出身，是线上营销的高手，其 Facebook 和 Instagram 个人账号的粉丝都超过了 2000 万；SHEIN 自建的移动 APP 端的流量占比达到 72%，页面跳出率达到 39%，爆款率为 50%，滞销率为 10%。

成功关键三：独立品牌和自建网站优势。

SHEIN 抓住了网红经济的红利，是移动互联网浪潮的真正受益者。2008 年，SHEIN 一上来就要展现自己的品牌形象，直接建立独立网站。当时因为流量太少，SHEIN 不得不借助亚马逊平台来销售。2012年，SHEIN投入巨资升级独立站；2013年，这一年对SHEIN是最关键的一年，SHEIN采用联盟营销，以10%—20%的分佣激活KOC（Key Opinion Consumer，关键意见消费者）和KOL（Key Opinion Leader，关键意见领袖），获得大量引荐流量和知名度，一炮打响。为了承接社交平台流量，增强转化，SHEIN在2018年将APP划分为时尚购物中心和品牌专卖店两大板块，在产品设计、视觉美学和购物体验上整体把控，持续提升转化和黏性。

社交平台带来的不仅仅是流量，在设计上，SHEIN在Facebook、Google和Instagram等平台获得时尚元素指导设计及选品，将时尚元素充分运用，支持各区域本土化运营；在品类上，SHEIN以裙装做突破，同一版型上通过设计不同印花来实现款式数量的提升。

12 好货不贵，7步爆单

名创优品的底层逻辑

名创优品于2013年成立，截至2023年12月31日，其全球门店数为6115家，其中国内门店3802家，海外门店2313家。

名创优品是一家全球化的零售企业，目前已在全球100多个国家和地区开设了门店。名创优品主打"创意生活好物，品质生活低价"的理念，致力于为消费者提供高性价比的生活用品。

名创优品在破局策略上，属于典型的7步破局法：低价引流、快速周转、货源垄断、爆款打造、明星带货、口碑裂变、加盟拓展。

第一步，低价引流。

名创优品将目标消费群体定位为18—28岁的年轻女性，价格定位在10—29元，少量产品超过29元。销售数据显示，80%的顾客在40岁以下，60% 的顾客在 30 岁以下。

第二步，快速周转。

名创优品通过分布在广州、武汉、沈阳等地的仓库中心和第三方物流，进行集中采购和统一配送，最大限度地缩短了工厂到店铺的距离，最终实现了中国区的 21 天全区域周转。

第三步，货源垄断。

名创优品与供应商有着独特的合作模式，即"以量制价 + 买断定制 + 不压货款"。名创优品与供应商联合开发商品，之后名创优品买断版权，形成独家货源；在商品计划期内，根据市场需求，采购特定数量的产品，免去供应商的库存之忧；商品采购价则由订单规模决定。此外，在供应商遵守上述约定的前提下，名创优品保证不压货款。例如，嘉诚公司成为其餐具产品供应商，奇华顿公司成为其香精供应商。

第四步，爆款打造。

针对产品同质化现象，名创优品通过打造爆款的方式解决。名创优品在全球有超过 400 名的时尚买手和研发人员，且开发出的产品在经过测试后才能上到货架，这保证产品很大概率能够满足消费者的需求，基本上都是爆款。经数据查询得知，名创优品的进店购买率达到了惊人的30%，可见爆款的威力。

第五步，明星带货。

名创优品曾请王一博、张子枫作为全球品牌代言人。策划过王一博生日主题店、限定版明星礼包，而且与NBA、Hello Kitty、玩具总动员、奇奇蒂蒂、王者荣耀、韩国的Kakao Friends、故宫文化、芝麻街、复仇者联盟等全球多家知名IP合作。

第六步，口碑裂变。

对于顾客，名创优品不仅在各个国家雇佣买手研究时尚潮流，还面向社会推出"产品体验官制度"。名创优品曾从1100万微信公众号粉丝中招募5000名产品体验官，提供产品供其免费试用。此做法不仅鼓励粉丝分享产品使用的感受，还希望他们参与产品的开发过程，有利于名创优品吸纳顾客意见,进而对产品进行改进和创新。

第七步,加盟拓展。

对于加盟商,名创优品采用"品牌使用费+货品保证金制度+次日分账"的加盟模式。名创优品与加盟商的合作期限为3年,加盟商缴纳品牌使用费和货品保证金(单一店铺合作,品牌使用费15万元,货品保证金75万元;3家店铺以上的合作,每家店铺品牌使用费10万元,货品保证金70万元)。在这3年内,加盟商承担店铺租赁、装修、水电、员工工资、工商税务等费用开支,每日抽取前日营业额的38%(食品、饮料是33%)作为收益。合作期满,名创优品如数退回货品保证金。在开店过程中,加盟商享有绝对的选择权,但没有决策权。

PART 2
想 通

13 倒做品牌，逆做渠道

蜜雪冰城 3 年做了两万家店

陈轩给很多创业者传授过一个价值三千万的破局技巧：

倒着做品牌，逆着做渠道。

什么意思？

品牌和产品相比，产品是大哥。

产品和渠道相比，渠道是大爷。

所以要想创业不死，先搞渠道，再搞产品，品牌放在最后。这就是倒着做品牌。

创业者如果正着做，先搞品牌，再搞产品，最后搞渠道，必死无疑。

要逆着做渠道。

什么意思？

产品和价格，决定了渠道，尤其是价格。所谓定价定天下，你想启动渠道，先要定好价格。

渠道建设顺着来，那就是招业务员、跑渠道、铺货、促销……但这种打法，对于创业者而言，成本高、周期长、效果差。

所以渠道不能顺着来，必须逆着做。

蜜雪冰城成功的秘密，只有四个字：千分之一。

蜜雪冰城只服务三、四线追求性价比的人群，传递低价的价值，卖给消费者"价格只有其月收入千分之一"的饮品。

<u>先定人群，再定价格，通过全国招商加盟的方式，低成本、快速高效、高利润地建设渠道。这就是逆着做渠道。</u>

蜜雪冰城1997年创立，前10年只有1家店，从1000家扩大到10000家，用了6年，从10000家扩大到32000家，用了3年。

2018年，蜜雪冰城约有4500家店；2019年，蜜雪冰城约有7050家店；2020年，蜜雪冰城约有10000家店；2021年，蜜雪冰城约有20000家店；2022 年，蜜雪冰城约有 28000 家店；2023 年，蜜雪冰城约有 32000 家店。

你学会了吗？

14 垂直整合，首尾呼应

案例观察

文峰浩哥的五连鞭

文峰是一家相当成功的美容美发连锁企业。文峰在全国开了 400 多家连锁店,有员工上万人,年营业收入超过 20 亿元,平均一家店一年要做到 500 万元的销售业绩。

陈轩将文峰成功的原因抽丝剥茧、直抓本质地提炼为五点,简称为"文峰浩哥价值 20 亿元的五大商业秘籍"。

第一个商业秘籍:商业模式做闭环,解决加盟店人手不足问题。

400 多家门店在前面吸引客户,文峰在后端布局了生物制药厂、化妆品厂、医疗美容中心、网络科技公司、投资管理公司、中医药开发公司、健康咨询公司和职业技能培训学校等 21 家公司,实现垂直整合,攫取最大利润。

第二个商业秘籍：创新预付卡模式，解决现金流短缺问题。

预付卡模式最大的好处是能帮助文峰迅速将前期投入的钱先收回来。一般来说，上百万元的前期投入短则几个月、多则半年，必须全部通过预付卡的方式回收，从而将风险转嫁到消费者身上。

第三个商业秘籍：土得掉渣但有奇效的IP设计，解决上万员工一盘棋的问题。

文峰的IP虽然土，但大家一定要注意文峰创始人陈浩所立的人设是针对企业的，不是针对消费者的。包括其公众号内容，也是给自己的员工和加盟商看的，而不是给消费者看的。出生于农村的"60后"陈浩，20世纪90年代创业之初面对的是全国各地从农村来的连初中都没毕业的员工和加盟商，以及50岁左右的消费人群。这注定了他只能将人设下探，与初中生水平的员工相联结；他的沟通只能建立在以神话故事和玄幻小说为叙事手法的故事创意上；他的形象必须土得掉渣，而且要用在门头店招牌和SI（Space Identity，空间识别）设计上。

第四个商业秘籍：强势的业绩管理，解决门店生存和人人有钱赚的问题。

陈浩将全国门店按照区域划片管理，直营店和加盟店都被列入总部管理，每月制定业绩任务和考核标准。每月公布各区域各门店的经营业绩，评比打分，前三名给糖吃，后三名打板子。

陈浩创立了一个特别保密的八大升单法。对于拒绝办卡的顾客，陈浩还设计了专门的话术。在文峰，人人有指标，全员做销售，个个背业绩。

第五个商业秘籍：细致到"变态"的流程管理，解决门店标准化可复制问题。

为了管住全国数以万计的员工和加盟商，浩哥提出了一个口号：流程到位，傻瓜都会；听话照做，成功在握。

文峰将美容美发的技术、话术、着装、穿戴和口号仪式等，都做了严密的规范和SOP

（Standard Operating Procedure，标准作业程序），比如，浩哥九大思想、浩哥七大兵法、浩哥八大升单法、王牌"9+6"等。每天早上，员工都要身着统一的制服列队出"军操"。正是这种细致到"变态"的流程管理，让全国400多家门店得以规范运营。

读书笔记

15 明心见性，直指人心

鸿星尔克的"形而上"

鸿星尔克成立于 2000 年，2005 年在新加坡上市，现有员工 2 万余名。2021 年，鸿星尔克品牌价值达到 400.65 亿元，更因为在河南水灾时默默捐赠价值 5000 万元的物资而使美誉度得到大大提升，实现了品牌、销量、粉丝三丰收。

陈轩对鸿星尔克的营销建议是：

跳出工厂思维，尽快实现品牌意识形态升维！

陈轩认为，服装鞋帽行业的竞争，就公司品牌意识形态塑造而言，是基于工业竞赛的心理战，否则在消费者心目中，其永远只是一个工厂而已。鸿星尔克，"形而下"做得不错，但"形而上"的能力有待加强；持续创新上铆足了力气，但颠覆创新上还是过于偷懒；管理层被 ROI（Return on Investment，投资回报率）绑住了手脚，过于注重效率，过于关注当下，过于实干！

这个行业，想有出路，必须实现品牌意识形态升维！我们以耐克为例，来看看厉害的品牌是怎么做"形而上"的：

1972年，耐克正式成立。成立几年后，耐克开始借鉴阿迪达斯的品牌策略——"围绕运动冠军做推广"。20世纪80年代，运动服装品牌发展的转机出现了——美国大众体育兴起。当时，运动被赋予"日常奋斗"的含义，美国人开始用运动来定义美国梦。时任总统里根倡导新自由主义，"没人管你了，你要管好你自己"；无论来自哪个阶层，你都要抗击阶层固化和避免自我堕落。耐克顺势推出"Just Do It"的口号，来重新表述自己的文化。

耐克的广告主角，大都是经过艰苦训练的普通人，明星比例很小；广告语也摆脱了单纯的产品表述，进入哲学表达层面，从而与大众的文化饥渴相对接。这其实就是一种意识形态的植入。耐克用它理解这个世界的方式，告诉我们它在这个世界的位置。什么是有意义的？什么是充满人性关怀的？什么是应该拥抱的？什么是应该鄙视的？以此获取客户记忆资源，从而推动客户的购买行为。

企业为什么要追求"形而上"？说到底，无论是渠道、广告、门店，还是活动、流量，都解决不了品牌战略的问题。因为低维度思维解决不了高维度的问题，但高维度思维可以解决低维度的问题。

我们要知道："产品是工厂所生产的东西，品牌是消费者要购买的东西。产品可以被竞争者模仿，品牌却是独一无二的。"产品极易过时落伍，但成功的品牌却能长盛不衰。

做好"形而上"的关键是要回答一个问题：我是谁？

只有当企业明确了自己是谁，才能确定自然而协同的社交风格，优雅地去"撩"消费者。这是与市场共振的第一步，也是这个时代品牌营销最关键的秘密。

16 品牌定位，价值共振

案例观察

"李宁"到底是谁

做品牌,"李宁"走过不少弯路。

尤其是 1990 年到 2002 年,十几年间李宁公司广告主题换过 8 次,始终找不到清晰的定位。虽然李宁公司当时有 30 多个大类、2000 多种产品,但依然缺少对品牌的认知。正是因为李宁公司品牌势能的不足,导致其每一天都在面临竞争对手低价策略的冲击。1997 年,李宁公司好不容易做出一款年销售百万件的平纹 T 恤,但第二年立即被同行的低价产品侵蚀,当年造成库存 60 万件。

陈轩认为,做爆款、做流量、做渠道,都不是做品牌。这些对品牌提升有作用,但跟品牌策略不是一个维度。

一位企划大师曾说过:"产品是工厂所生产

的东西，品牌是消费者要购买的东西。产品可以被竞争者模仿，品牌却是独一无二的。"产品极易过时落伍，但成功的品牌却能长盛不衰。品牌如何成功呢？核心当然是定位。

品牌定位的核心是什么呢？对李宁公司来说，陈轩认为最关键的是抓住"李宁"这两个字背后的含义。

"李宁"到底是谁？2010年，陈轩帮李宁公司做过基于品牌本质的诊断。

陈轩认为，李宁是"以创始人李宁为核心，企业和产品为延展的集合印象"。

运动员李宁历经1984年的人生巅峰与1988年的退役，这戏剧般的现实和现实的戏剧化，使"李宁"两个字具有了史诗般的品牌魅力，在"70后"和"80后"的青春烙下深深印记。

作为以"售卖明星、售卖梦想"为主要传播手段的专业运动服装提供商，李宁公司最大的核心资源不是每年20%以上的收入增长率和近10亿元的利润，不是7900家零售店铺和近百亿元的年收入，而是李宁个人品牌广泛的知名度和高美誉度。

消费者购买李宁公司的产品，实质上是在为李宁精神买单，李宁公司最核心的任务应该是对"李宁"品牌的维护和管理，对"李宁"这两个字的擦亮和点燃。

"体操王子"李宁的人格特质和魅力形成了李宁公司及其产品的"核心价值"与"终极区隔"，固化为李宁公司核心而永续的竞争优势，并成为耐克、阿迪达斯等其他品牌永远无法复制赶超的USP（Unique Selling Proposition，独特的销售主张）！

17 细分需求，巧打广告

杜国楹如何给好记星起名字

有"营销鬼才"之称的杜国楹推出的好记星,最早叫"电子词典",后来还改叫过"学习机",可谓真正意义上的"以新品类开创实现病毒嵌入"。

值得注意的是,"学习机"这个名称的创造者不是公司自己,也不是策划公司,而是最早由消费者叫出来的,随后被公司确认且强化传播。这一点,陈轩也在和杜总的沟通中得到证实。由此可见,病毒营销绝不是生硬地去闭门造车和无中生有,而是从"消费者中来,到消费者中去"。企业营销负责人需要有一双慧眼和一对高灵敏度的耳朵。

好记星的目标客户较为特殊:父母是购买者,孩子是消费者。公司面临的营销挑战是:如何一箭双雕搞定此两类人群？

我们先深入分析一下产品需求：父母希望孩子有远大前途，孩子希望能考个重点大学。英语成绩无论对孩子的前途还是升学都至关重要；而要想在英语考试上得高分，就必须下功夫记单词，这一点是毫无疑问的。由此可知，父母的强需求，已经从帮助孩子学好英语这个欲望，落在实实在在"记单词"这个具体的需求上来了。

目标消费者最急迫和最现实的需求才是营销的最佳切入点。如何记单词呢？父母大都认为自己的孩子聪明勤奋，孩子也认为自己已经很辛苦了，而且头脑也不差，那英语考试成绩上不去的关键原因在哪儿？噢，原来只是"记性"不好！记单词经常忘，人人追求好记性！有好记性的学生无疑是学校的明星。"好记星"这个名字，成为这款和其他电子词典没有任何区别的产品的洗脑尖刀。

"好记星"与"好记性"谐音，将电子词典的价值用简单的最具传播力的口语叫出来，可谓经典，而且朗朗上口，说起来特别顺。

陈轩认为，在产品设计阶段，营销者思考得越深入越透彻、表达得越清晰越有力，并集中全力创新创造出一个特别的名字，越能大幅度减少消费者购买时的犹豫和质疑，终端销售自然会好，可谓事半功倍。

大众产品营销一般有两个阶段：第一阶段，对着现实需求卖产品，即找到目标客户最迫切最现实的需求，进行诱导和说服；第二阶段，对着日常需求卖产品，即逐渐模糊产品的品类归属，将产品作为满足日常需求的必需品。

好记星营销的第一阶段，利用品牌名称"好记星"，以最短的关联路径满足了父母解决其孩子"记忆单词难"这个迫切且现实的需求；好记星营销的第二阶段，将自己归类为"学习机"，同时以"一台好记星，天下父母情"的经典广告语，将好记星又归类为亲子关系的象征。最终，杜国楹使拥有"英语必备"和"父母必买"双重属性的好记星，完全变成承载英语学习和父母期望的必需品。

18 微小创新，复制成功

案例观察

小罐茶，大师做

创业者最大的能力，就是对需求的敏感和整合资源创造产品的能力。但创业者也不能过度创新。俗话说得好，领先三步是"烈士"，领先两步是"壮士"。对于创业者而言，领先一步刚刚好！可进可退，风险和投入最小。

领先一步怎么做呢？——微创新。让我们看看杜国楹是如何营销小罐茶的。

茶叶的交易成本极高。你若去北京马连道转转，会发现满大街都是卖茶叶的，你能分辨哪一罐茶叶更靠谱吗？2008 年，陈轩做过茶叶的营销调研，当时这家企业一罐茶的最高售价是 298 元，十多年后杜总告诉陈轩早涨价了，现在同样包装的茶叶，一罐上千元。那么，请你告诉陈轩，十几年前 298 元和现在上千元的茶叶，区别究竟在哪里？

杜国楹的微创新路径有两个，陈轩称之为"以正合，以奇胜"，这是《孙子兵法》中的经典策略，意思是指挥员在作战中，要正确地使用兵力，灵活地变换战术。

对于杜国楹的小罐茶营销来说，以正合，就是用大师来证明产品价值，以大师来实现品类认知标准化。

根据科斯定理，企业的使命就是用管理成本代替交易成本。好的企业都是做标准的。

大师来把关，大师来负责，与大师利益绑定，让专业的人做专业的事。重新破局，制定标准，从产品创新、品牌获客、产业布局的大格局，整合行业最优秀的资源，帮助大家降低交易过程中的选择成本，促成消费者、从业者和茶叶产业三方得利。

对于杜国楹的小罐茶营销来说，以奇胜，就是在包装形态上创新，创造性地满足新一代年轻人消费升级后的审美偏好。

传统茶叶包装，不是纸盒子，就是塑料袋子。但杜国楹采用了独具一格的铝制罐包装，这种包装有三大优势。

首先，每罐茶叶只有10克，相当于一杯茶的用量。这种小罐化包装，不仅方便消费者保存和携带，也更符合年轻消费者的消费习惯。

其次，铝制罐具有更好的密封性和保鲜性，能够有效保存茶叶的香气，确保其口感。此外，铝制罐还具有较高的环保性。

最后，小罐茶的包装设计非常精美，既运用了现代设计理念，又融合了中国传统的文化元素，如篆刻、书法、国画等，非常符合现代消费者尤其是年轻消费者的审美需求。同时，提升了茶叶的品质感，也满足了年轻消费者的品质追求。

小罐茶的包装形态创新取得了巨大的成功，其不但获得了多项国际设计大奖，而且成为小罐茶品牌的标志。这就是安全、可控、投入产出比最高的"微创新"的威力！

19 爆品战略,赢在起点

案例观察

Airbnb 的发家史

2008年,两位付不起房租的年轻人,建了一家在线租房的网站。经过短短的9年时间,这家网站成为全球最大的在线租房平台之一,2018年它的估值超过了310亿美元,这就是Airbnb,中文名是爱彼迎。

对于Airbnb,陈轩最关注的是:在一穷二白的情况下,当年两位年轻人的创业为何能如此成功?这种犀利的破局,靠的到底是精准的战略还是魔性的运营?

运营管理要解决的问题是:在战略所限定的框架内,如何提高效率和控制成本?运营管理遵循的是"成本—效益"逻辑。

比如,Airbnb的CEO布莱恩·切斯基(Brian Chesky)设计了病毒程序,从Craigslist(美国著名无图片免费分类广告网站）上引流，通过垃圾邮件和一键发布的方式创造客户。这是典型的爆品的运营方式。

而战略管理要解决的问题是"What business should we be in（我们应该在哪个战场上去战斗）"和"How shall we compete in this business（我们该如何打败竞争对手）"。

战略管理遵循的是"方法—目标"逻辑。Airbnb以平台轻模式经营短租，这是战场的选择；而以特色整合技术和发送垃圾邮件的病毒战略打败了竞争对手。陈轩看过一次数据：Airbnb的日均页面浏览量是3900万，日均访问量是690万。当时在全世界36亿网站中排名第340名。这是惊人的成功。

爆品运营和爆品战略，都是打造卓越绩效的关键，但两者截然不同。

以爆品的方式来发展客户无疑具有四两拨千斤的效果。比如1996年的互联网免费电子邮件提供商 Hotmail，每一次 Hotmail 用户发出电子邮件，邮件最后都有一行暗示用户背书的邀请："你可以到 Hotmail 注册免费电子邮箱。"在接收者中，有一定比例的人会注册 Hotmail，之后又以同样的方式将信息传给了其他人。这样 Hotmail 形成了病毒式连绵不绝的传播效果，它在短短一年时间内便获得了 1200 万注册用户，成为行业巨头。

爆品战略是以爆品的主线贯穿企业所有战略的规划和执行。

切斯基就是爆品界的顶尖人才，懂营销更懂技术。他在大学毕业前，就靠垃圾邮件赚了上百万美金。

Airbnb 选择了短租平台，这是项目选择的病毒化，这是以商业生态系统的视角，选择一个客户需求能像病毒一样繁殖但边际成本递减的项目。

Airbnb 提供了更经济、更有趣、更适合年轻人的体验价值。它的官网上写着"Welcome to Airbnb, book unique homes and experience a city like a local（欢迎来到 Airbnb，预订独一无二的家，体验像当地人一样的生活）"。这是形象个性的爆品思维。

Airbnb 的自我定位很明确：broker（中介）。Airbnb 组织公司资源全力策应这个战略。它从来没有涉足重资产，即使在获得总共 8 亿美金的融资之后。它坚持用爆品思维，立足平台，用信息流去置换资金流，最终实现人与住宿、人与人的链接，这是创业最柔软轻快的方式。

从这个角度，我们可以说，Airbnb 可以不属于任何一类公司，但一定是一家全球顶尖的爆品公司。

99% 的管理者和营销人都十分重视运营，每天要求各种数据、销售额、市场占有率、粉丝数、活跃度、阅读量等，忙忙碌碌，貌似很尽职，但对爆品战略的思考远远不够。

如果只是把爆品当作运营来看,会被对手快速仿效,以致边际成本趋同,变成都没钱赚的消耗战。只有从战略的视角出发,才能使生产率从根本上突出重围。所以,对于打造爆品来说,运营易逝,战略永恒。

20 公域变现，私域复购

案例观察

如何打造顶流直播间

2018年12月,时任淘宝直播负责人将一位主播推向了"全网网红"的宝座。

当时,该主播所在公司邀请淘宝直播负责人上门考察。在谈到该主播未来的发展方向时,这位淘宝直播负责人给出了"站外扩大影响力,站内转化变现"的建议,即做"全域网红"。自此,这位主播的团队相继开通抖音、快手、小红书等账号,开始了全域运营。

2019年,这位主播登上了抖音黑马榜,总粉丝为3712万,一年狂增粉丝3511万。其团队在抖音上的成功,不仅带火了他的个人IP,还成功将大量用户引流至淘宝直播,间接帮助淘宝直播完成了从量变到质变的升级。很快,其团队又布局抖音、微博、B站、小红书,形成了五大平台矩阵，针对不同平台，采取了不同的运营策略。

1.淘宝直播间：主战场

淘宝直播间是这位主播最主要的战场。在这里，他尝试了与明星在直播间互动等多样化的形式，这让他多次上榜微博热搜，为他带来了源源不断的话题和热度。

2.抖音：最大化引流

这位主播在抖音上频频发布口红视频，以魔性、专业的试色、测评，在垂直领域吃透流量红利。随后，他又复制了淘宝直播间的玩法：与明星互动；发布参加综艺及线下活动的剪辑视频。

3.微博：集中化品牌展示

这位主播的微博内容以直播预告、当日商品清单、直播间引流、抽奖等内容为主，穿插他参与的各大品牌活动、综艺节目的路透及宣传，主要承担了日常宣发的功能，发挥着持续与粉丝近距离互动的作用。

4. B 站：捕获"种草"年轻受众

B 站的最大特色是视频内容不受时长限制。在 B 站，这位主播做了很多契合 B 站受众的尝试，比如，推出出去旅游带什么、公关礼包开箱等合集类内容。这些视频既具备娱乐属性，又能宣传引流，促进直播间带货；既给粉丝带来了不一样的惊喜，又能逐步拓宽粉丝认知领域。

5. 小红书：深耕粉丝群体

小红书的受众和这位主播的粉丝重合度很高，这位主播在小红书账号平均约 1.41 天更新 1 篇，内容以"种草"笔记为主。

这位主播的平台矩阵运营策略非常清晰：根据平台属性，确立不同的内容方向和运营思路，投放差异化内容，打动平台核心用户群，实现最大化引流。

此外，这位主播背后还有一支超过 300 人的私域运营团队。从场控到客服，从商务联络到产品管理，从优化直播技巧到研究淘宝和抖音的流量逻辑，他们为这位主播提供近乎保姆级的服务。同时这位主播还打造了数百个优质社群，每个群有 400 人的规模，用户活跃度都很高。

读书笔记

21 先做 IP，再做矩阵

案例观察

樊登读书会的成功内幕

基于一线实战经验,陈轩总结了私域流量营销的五板斧:公域流量引流、以需求划分客户、特价爆款常规化、创意内容持续化、社群口碑裂变化。

这五板斧是私域流量营销的关键,也是樊登读书会的成功内幕。

1. 公域流量引流

私域流量运营最难的就是怎样建立用户链接,怎样把流量导进私域的池子里。为了快速增加私域流量,建议企业给员工制定一些这方面的考核任务,用正激励的方式引导他们去做。

樊登读书会通过抖音、视频号、小红书、微博、微信公众号等方式,进行公域流量引流。在这几种方式中,微信公众号是樊登读书会对外传播的重要渠道。通过公众号，樊登读书会可以向用户推送最新的图书、活动信息等。

2. 以需求划分客户

客户加群后，就要根据他们需求的特点将其分类。分类是精细化运营的前提，所谓知己知彼，百战不怠。微信群是樊登读书会私域流量运营的重要阵地，每个群都有几百到几千人，用户可以在这里进行交流学习。樊登读书会通过对用户精细化管理，提高了私域流量的运营效率。

樊登读书会会根据用户的阅读偏好、学习需求等，将不同用户打上不同的标签，以便进行精准营销。此外，樊登读书会还会通过问卷调查、用户画像等方式，了解用户的真实需求，从而提供更加优质的服务。

3. 特价爆款常规化

比如每周 X 晚上 9 点，可以推出一个爆款特价，给客户们创造确定的幸福和不确定的惊喜。

4. 创意内容持续化

除了特色爆款，内容是性价比最高的营销

载体。组建内容团队，持续输出简单、奇特、具体、可信、有故事、有趣的内容，才能强化人设、强化定位、强化链接、强化社群的归属感。

樊登读书会在私域流量营销方面非常注重创新，不断推出新的玩法，提升用户的参与度。比如，樊登读书会会定期组织读书会、分享会等活动，让用户在线上线下进行交流学习；樊登读书会还会推出各种奖励活动，激励用户参与。

5. 社群口碑裂变化

樊登读书会通过私域流量运营，实现了高效的转化。樊登读书会会根据用户的阅读偏好、学习需求等，向他们推荐适合他们的图书等。此外，樊登读书会还会通过各种促销活动，刺激用户的购买欲望。

这里多说一些，幸福西饼做得更绝，用户拉来 5 个会员，会送一个原价 199 元现价 39 元的蛋糕；在链家自如，用户拉来 5 个会员，送一套自如礼品等。在拼多多、京东、麦当劳、瑞幸咖啡的企业微信群里，也有类似的裂变激励。这种由用户来抓取用户、由客户来发展客户的自增长模式,是实现私域流量运营闭环化的核心。

"公域流量引流、以需求划分客户、特价爆款常规化、创意内容持续化、社群口碑裂变化",这五板斧是简单、实用、典型的搭建私域流量池、精细化运营转化的战术集合。其根本目标是"用内部管理费用代替公域流量费用"。

读书笔记

22 网红经济，百倍增长

案例观察

鸭鸭羽绒服 3 年实现百倍逆袭

一个 1972 年创立的羽绒服品牌,经过 47 年的发展,2019 年它的年销售额只做到了 8000 多万元,而且连年亏损,但经过商业模式上的重新规划,2020 年它的销售额就超过了 35 亿元,2021 年的销售额冲到了 80 亿元,2022 年的销售额超过了百亿元。这就是鸭鸭羽绒服。

它是怎样做到的呢?

核心关键只有两点:

▲ 全面转型电商,创建"自播+达播"相结合的分销模式。

▲ 全面整合价值链,致力于成为线上版的海澜之家。

电商的转型比较简单。鸭鸭羽绒服的电商渠道分为三类:

网红经济,百倍增长 105

▲ 传统电商，如天猫、京东、拼多多、唯品会。

▲ 直播电商，如抖音、快手。

▲ 私域渠道，如好衣库。

分销模式上，鸭鸭羽绒服采取"自播+达播"相结合的模式。

自播是以鸭鸭羽绒服自己的官方旗舰店为中心，搭建超过200家店铺矩阵，通过不同店铺的人群属性和标签匹配不同的货品。其中仅抖音平台，鸭鸭羽绒服月销超过百万元的店铺就有34个，月销超过2500万元的店铺就有3个。

达播则是让鸭鸭羽绒服进入各头部明星主播的直播间，如东方甄选、刘媛媛、曹颖、舒畅、刘畊宏、赵露思等。同时鸭鸭羽绒服聘请佟丽娅做鸭鸭羽绒服的代言人，还和 Hello Kitty、宝可梦等做联盟营销等。整合营销的打法，极大地提升了渠道对鸭鸭羽绒服的接受度和认可度，也提升了C端用户对鸭鸭羽绒服的认知度和购买欲望。

另一个核心关键点就是价值链的整合。

和海澜之家一样，鸭鸭羽绒服开始做商业模式上的整合创新。

首先，整合了上游10家头部供应链和上百家中腰部供应链，让他们设计、生产、仓储和发货。

然后，整合了下游1000多家分销商，让他们在鸭鸭羽绒服的数字化平台上挑选产品、下单，在电商平台上创作内容，进行分销。

鸭鸭羽绒服开始在品牌定位、产品定义和开发、数字化管理系统和流量赋能等核心环节下功夫。鸭鸭羽绒服重新设计品牌IP形象，进行品牌视觉管理，以适应年轻人群的审美偏好。

在产品开发上，他们收集并分析市场的流行趋势和国内外品牌的流行款式，形成爆款数据库。聚焦羽绒服这一极致单品，鸭鸭羽绒服通过产品分级来满足2—80岁的消费者。产品结构的底层是基础款，占销售比重的60%左右，满足大部分用户的日常穿搭需求，也符合国民品牌的定位；产品结构的腰部是设计款，满足年轻人和各细分人群的款式需求，占比10%—20%；产品结构的顶部是IP联名、设计师联名和明星同款。产品的SKU超过了1000个。

在生产端，鸭鸭羽绒服启动供应链监管系统，通过AI、IoT（Internet of Things，物联网）监测供应链的产能、每日产量、原料储备情况，实时进行动态调整。在渠道端，鸭鸭羽绒服通过搭建全渠道分销商管理系统进行动态控价、备产和库存的管控与调整。

在销售模式上，鸭鸭羽绒服的每家抖音店铺都是作为独立的单元经营，前端是店铺运营部门，中端是数据部门，后端是商品企划，末端是设计研发与供应链。前端和中端的测款与数据洞察，会指导商品企划，帮助设计研发与供应链快速反应。以店群测款的模式为底层，鸭鸭羽绒服把付费流量作为助推器，进行对应人群的精准投放，获取更大的自然流量，再用精准的货品承接住自然流量。通过这一玩法，鸭鸭羽绒服将

25—45岁的核心消费人群占比提升至70%，直播间平均ROI可达到1:15，头部直播间甚至可以做到1:50。

通过价值链的整合，鸭鸭羽绒服使工厂、分销商和总部的利益实现了"一荣俱荣、一损俱损"的一致化，极大地激活了闲散资源，压缩了成本开支，提升了产品的动销率，创造了100倍的销售增长。

23 视觉锤子，语言钉子

案例观察

叶茂中迎着风奔跑

一代营销人只能服务一代消费者。

1996年到2010年是叶茂中最风光的15年。上央视找叶茂中,叶茂中绑定央视,在生态位中占据了最好的位置。

这15年,叶茂中和央视相互成就:央视借助他赚得盆满钵满;叶茂中也借助央视,成为广告人中最会赚钱的人之一。

2010年之后,微博崛起,企业逐渐减少电视广告的投放,开始拥抱互联网。2014年之后,微信崛起,移动互联网营销成为标配。2017年之后,抖音崛起,短视频和直播带货成为主流。除了2018年世界杯带来的回光返照,叶茂中时代开始结束。

客户的需求已经不再是如何搞定一条炸街的

广告语，不再是漂亮的 VI（Visual Identity，视觉识别），不再是惊天地泣鬼神的品牌战略，不再是如何投放央视、机场、高铁广告。

原因很简单，年轻人已经不怎么看电视了。随之而来的需求是如何落地执行，如何招商建渠道，如何设计私域流量池，如何线上线下相融合实现快速增长。一对多轰炸，自上而下，央视投放和广告语炸街的营销时代过去了。取而代之的是多对多、自下而上、垄断平台、孤岛 APP 和病毒营销增长的时代。

在 2015 年，陈轩写了两本书来勾勒这个时代的变化和应对之策。陈轩试着总结一下叶茂中老师留给我们的三大精神财富。

1. 营销的狼性精神

叶茂中提炼了一段自我宣言，曾经令很多如今不再年轻的年轻人血脉偾张：

我们拒绝平庸，我们也拒绝驯化，没有好创意就去死吧！宁做旷野里奔啸的狼，不做马戏团里漂亮的老虎！我们的策划已不满足于客户的认可，更要求客户的成功，好方案得不到完善的执行，我们一样愤怒，因为我们渴望成为英雄。

正是这段话让陈轩离开了本来待着很舒服的渠道管理岗位，降薪一半进入了品牌策划行业。文以载道，文字是内在精神的彰显，文字是价值观改造最好的通道，文字是同类之间相互召唤的旗帜。这段话也是陈轩进入这个行业，并且坚持这么久的最根本的动力和原因。

2. 广告要以销售为第一使命

叶茂中曾经自我介绍说，他是营销界最好的广告人，也是广告界最好的营销人。很多人不知道的是，叶茂中在成名之前，曾经为宝洁做过三年的农村推广，跑过的村子不计其数。叶茂中说，我们不在乎别人对我们广告创作的批评，最重要的是销售能不能有大的增长。我们做广告从来不需要做一个自己喜欢的广告，治病要治根。

大部分同行都在治表。

叶茂中坚持认为,广告的使命和终极目标就是促进销量,打造品牌的实质就是为了产品销售。当销量和品牌发生冲突时,要把销量的增长放在第一位。广告不是让人欣赏,而是要打造差异化和卖点。要秉承简单通俗表达消费者利益点的原则,竭尽全力让客户记住你。

3. 准确的定位和犀利的广告语

叶茂中有一句话挺有意思。他说所谓的定位,就是把满脑袋的头发拔得只剩一根,在风中招摇。陈轩认为这句话总结得比所有的定位大师都要好。

叶茂中是学画画的,看他的TVC(Television Commercial,电视广告)是一种视觉享受,那是真正的视觉锤,但他的语言钉更加锐利。叶茂中的文字驾驭能力惊人,例如给柒牌男装的文案,他是这样写的:

生活就像是一场战斗,谁都可能暂时失去勇

气,要改变命运,先改变自己。男人,就应该对自己狠一点!柒牌男装,迎着风向前。

叶茂中老师一直迎着风勇敢奔跑。

24 吃透人性，事半功倍

案例观察

DR 钻戒，卖的其实不是钻戒

钻戒是一个典型的社交产品，人们为它剁手的决策比较复杂。陈轩总结为 9 个字：男性买、女性戴、大家看！男性是购买者，女性是使用者，身边亲朋好友是影响者。所以在营销策划上首先要把 DR 钻戒"男士一生仅能定制一枚"这个定位立起来，传播出去，让大众认可和接受。先把影响者争取过来，然后通过大众影响者去影响婚恋市场中的女性，让她们对 DR 钻戒的品牌理念产生偏好，最后让女性去影响男性接盘购买 DR 钻戒。

可以说 DR 钻戒卖的不是钻戒，而是钻戒背后的真爱协议；它卖的不是钻石的颜色、净度、大小和证书，而是男女之间的爱情小游戏。它卖的是身份的绑定、签收真爱这种仪式感。它卖的是女性的感动、男性的自我感动和大众的被感动。

很多传统珠宝商没想那么深,他们只知道买流量,选址、开店、卖钻石,玩得一点也不深刻。

DR钻戒的创始人夫妻以前是做管理咨询的;副总裁曾在资生堂做过销售;战略总监是广告公司出身,也在加多宝做过策划;董事曾是宝洁的市场营销总监。他们都是珠宝行业的"野蛮人"。因为他们懂品牌,懂流量,就是不懂钻石,但完全可以通过合作和代工来解决。

所以不到10年,DR钻戒的直营店开了300多家,已然杀入了珠宝行业的第一阵营。与钻石这种需要复杂营销策略的产品相类似的,还包括教育类产品。教育类产品的购买者是父母,使用者是孩子,影响者是同学,也是类似的打法。其实DR钻戒的营销玩法跟高端玫瑰及珠宝品牌ROSEONLY的玩法相似。ROSEONLY主打的也是一生只送一个人。这种营销策略太有创意了。

在如今这个流量匮乏的时期，不怕质疑和争议，就怕你没声音、没关注。很多人抱怨 DR 钻戒不值。品牌的使命之一，就是降低大家的选择成本，它不一定是最值的，但它肯定不是最差的。顾客买的时候很省心，而且女朋友比较开心，买完之后相对而言有售后保障，顾客也安心。在这个同质化极高的钻石行业能出圈，有标签，已经是对社会的贡献了。

PART 3
做到

25 产品内容，投放模型

案例观察

3年30亿的不传之秘

Hold不住产品，3年必死。

Hold不住内容，2年必死。

Hold不住投放，1年必死。

创业就是做增长，营销就是做裂变。

这4句话，是陈轩的原创。当你身处创业营销第一线，你就能深刻感受到这种氛围。从2018年至今，以直播和短视频为代表的新裂变增长营销，彻底改变了创业竞争格局。

基于场景、品类、流量、裂变、DTC（Direct to Consumer，直接面对消费者）的新内容营销，跑出来一个令创业者和投资人心跳加速、兴奋异常的新增长模型。基于多年的一线实战，陈轩把它提炼为"产品—内容—投放"模型。

首先，你要有强大的产品。产品是创业的树

根，是创业者终极的护城河，对内要黏住越来越挑剔的消费者，对外要拦住毫无底线往上爬的野蛮对手。值此内外交困之际，但凡你的产品弱，简直无处找补、无可救药，无论怎么运营、怎么融资、怎么管理，都烂泥扶不上墙，都只是局部优化。复购和口碑一定会出问题，青黄不接一定是必然结局。

其次，你得搭建高段位的内容团队。团队内容高手能拍出香奈儿的产品调性，而不入流的内容团队，只能拍出山寨的风格。由此一来，创业者的命运就有了天壤之别。其实，营销的主线就是内容创造。E人E本做报纸广告、加多宝做电视广告、完美日记做KOL投放，形式不同，本质都是内容的创建和传播。

内容团队的任务是要营造深度的"在场感"和代入感。为什么？因为品牌和情绪高度相关，购买与氛围高度相关。高手做出来的内容，数量根本不重要，"病毒"诱饵、情绪暗线、信息嵌入和潜意识偏好，这四个动作才是内容的金线。

对于创业者而言，内容的直接目的就是强化品牌信号，让产品从可有可无的维生素，变成不买不行的速效救心丸。从快消品变成必需品，从功能使用变成社交符号，进而获得更爆的自然流量。

最后就是投放，新品上市第一年，主要是投放测试和投资回报率评测；找平台算法，找产品、用户、内容的契合度，找到投入产出最高的投法。

新品投放，第一年能做到年销售额3000万元以上的企业，投放上都有自己的独特之处。投放比例调试好了，创业者就能在各种电商网站和社交平台上获取源源不断的客户流量，实时获取消费反馈，快速跟上市场趋势和消费者偏好。

开局决定终局，思路决定出路，流量决定销量，心态决定成败。感觉到创业过程十分痛苦的人，一定是商业模式和运营手法老化了，需要迅速迭代。

26 社交裂变，反向定制

案例观察

拼多多的诡计

拼多多逆袭,靠的是"低价+社交"的颠覆式创新。这体现在拼多多的商业模式创新上,极其惊艳,陈轩总结为:

边缘市场切入+社交裂变获客+拼团反向定制。

首先是边缘市场切入。避开京东、天猫重点布局的一、二线城市,从边缘的四、五线城市切入,从最广阔的下沉市场切入,成建制地收编京东和阿里巴巴抛弃的商家和卖家,获得巨大的蓝海。

其次,社交裂变获客体现在拼多多借助腾讯战略投资和微信流量扶持,在社交网络上以人际裂变方式,获得充沛且低成本的购买流量。

拼多多社交裂变就是"占便宜的惊喜"。先

用平台锚定一个商品的标准价格，然后给你工具和路径，让你通过发起拼团或参与拼团，获得更便宜的价格，最大限度让你获得和打猎一样的价值感和重复购买欲望。所以拼多多活跃用户向亲朋好友推荐拼多多的口碑推荐率达到了惊人的90%。

最后，拼团反向定制是拼多多商业策略中最闪亮的部分。传统工业化生产，供需不匹配是常态，企业或失去了客户，或产生了库存。

拼团通过拼团折扣、限时限量、分段定价、熟人背书的形式，帮助拼多多将隐藏在手机后的真实需求集结起来，形成巨量定制C2M（Consumer to Manufacturer，顾客对工厂）的产销模式。这既帮企业节约了库存成本，又抓住了每一个交易机会，还帮消费者节省了钱，最终为拼多多平台积攒了忠诚的用户。

读书笔记

27 双向奔赴,迅疾引流

案例观察

福建老板的流量密码

东贸国际服装城位于燕郊和北京通州的交界处，项目商业体量20多万平方米，是福建老板投资的。刚开始时，这里一个10平方米店铺的年租金约4万元，如今月租金就已经达到30多万元。

陈轩曾与东贸国际服装城的福建老板聊了一上午，发现其获取客流的方式很接地气！先说结论：

服装城类似于滴滴，本质是平台模式，实质是流量变现机器，形成B2B2C（Business to Business to Consumer，企业对企业对消费者）模式，最后的C是核心。

在这个B2B2C模式中，第一个B，是福建老板；第二个B，是从北京动物园批发市场搬出来的老板们；C 不是终端消费者，而是开服装店的小老板们，是第二个 B 的下游分销渠道和零售渠道。

第一步（B2B）好做，毕竟燕郊离北京近，承担的就是服装类的产业转移使命，名正言顺。加上北京动物园批发市场的老板们大多数房子买在北京，转战燕郊当然是首选。第二步（B2C）才是成败的重点，毕竟燕郊不止一家服装城。比如，李福成投资的服装城就是竞争对手。

换句话说，北京动物园批发商入场了，如何把开服装店的老板们也请进来呢？福建老板想了一招：通过各地的大巴司机来聚拢流量。

"无论你是北京的、沧州的，还是郑州的，只要你有大巴车，只要你能把开服装店的人拉到我服装城。我就按人头给你补贴。"

福建老板说到做到，"千金买马骨"。这些大巴司机，每天拿到的钱，少则 3000 元，多则 5000 元，赚得心花怒放，拼命帮东贸国际服装城老板拉客。福建老板舍得砸钱，砸了一年，东贸国际服装城人流如织，终于起来了。于是，补贴停止，房租涨几倍，福建老板开始坐下来收获成果。

新时代营销，一切都是为了流量。 从这个案例可以看出，福建老板就是聚流量的高手，他运用的是"现金补贴"的方式。

首先，补贴大巴司机——按人头给钱。一天让你赚三五千。同时补贴服装店老板：想来就来，没有路费，免费参观。大巴司机赚到钱，疯狂拉客，疯狂宣传。于是有更多的大巴司机加入进来。东贸国际服装城的硬件和软件都好，于是更多的服装店老板口碑相传，聚沙成塔。这在平台战略中称为"双边市场策略"，形成正循环，过了临界点，就爆发了！

线下抢流量的首要任务是打破地域和时间的限制。 这两年BATJ（百度、阿里巴巴、腾讯、京东）垄断，流量太贵，生意难做，线下传统生意怎么做？一定要打破对地域和时间的依赖。网络时代，要学会用互联网抹除时间和空间对生意的不确定影响。慢慢将生意主战场转到线上，不仅能规避突然"被搬迁"的风险，大幅降低经营成本，还能在全国范围内拓展新的客户资源。

所有生意的本质就是流量。传统企业如何才能获得日益挑剔的消费者的注意力和信任感？其实就是流量和黏性，这两项无疑是两道极难闯过去的鬼门关。

有高手一语道破天机："一位商人的商业能力的高低，取决于他能为自己的生意导入流量的多少；而一位老板的赚钱能力的高低，取决于他对顾客黏性管理的强弱。"

读书笔记

28 借势热点，碰瓷自黑

案例观察

蓝翔是如何炒作起来的

"挖掘机技术哪家强？中国山东找蓝翔！"这句原山东蓝翔高级技工学校（现山东蓝翔技师学院，以下简称蓝翔）的广告语，因为长期在电视上轮番播放，人们耳熟能详。好事的网友们在社交媒体上频繁创作，段子手们一波接一波的烧脑举动，让蓝翔意外成为网红。

"蓝翔体"能成为网络文化，拜热心网民所赐，也与蓝翔刻意推波助澜不无关系。

1990年，蓝翔在电视上投放第一条广告："挖掘机技术哪家强？中国山东找蓝翔！"

校长荣兰祥怎么也想不到，这则广告日后会成为广大网友调侃的段子。2014年，网上以蓝翔、挖掘机为核心词汇的调侃版本，数不胜数。"蓝翔体"疯传开来的要数名人名言版、孟姜女

借势热点，碰瓷自黑　　137

版、思想政治版、滑板鞋版等。

网友"井喷式"创作，让"蓝翔体"一度超过了当年的"凡客体"。跟蓝翔和挖掘机扯上边的段子、网络名言、歌词等，在媒体、网络以及人际间疯狂传播，让蓝翔在相当长的一段时间省去了巨额广告费。

要知道，蓝翔此前每年都要花费两千万到三千万元用于电视广告投放。网民的狂欢将蓝翔的品牌知名度带向了一个前所未有的高度。蓝翔的招生难问题一时间得到了解决，在挖掘机之外，蓝翔开设了电脑、工程机械、美容美发、烹饪、数控等多个学院。

在技校就业情况普遍不好的大环境下，蓝翔挖掘机专业成了就业热门。无数小企业在网络营销的时候，纷纷把蓝翔作为关键词来推广自己的品牌。

回过头来，让我们分析一下"蓝翔体"在网络大火的三大关键。

1. "火种"：洗脑式广告

在没有网络的年代，蓝翔、新东方烹饪学校的"洗脑式"广告，陪伴着多少人成长。尤其是多年不变的蓝翔广告，让人想忘记都难。时过境迁，原来蹲在电视机前被迫看广告的孩子，逐渐成长为"网瘾少年"，埋藏在记忆深处的蓝翔广告成为他们的创作素材。

2. 爆火 DNA：草根文化

"蓝翔体"能够爆火的关键是因为网友分享。年轻人寻求认同：玩同一个游戏，用同一个 APP，看同一个美剧，网购同一款好物，玩同一个"梗"。尤其是像"蓝翔体"，零成本又能显示自己的幽默，最容易制造共同话题，引起共鸣。而他们热衷玩"蓝翔体"，根源在于民粹与草根文化在网络当道，蓝翔天然具备草根气质，很契合玩"梗"的需要。

3. "助燃剂"：借势热点

擅长自黑、炒作借势，蓝翔利用一切机会让自己出现在公众视线里。为了维持热度，蓝翔不肯放过任何相关与不相关的热点,以"博眼球"。

正如美国著名民俗学家扬·哈罗德·布鲁范德(Jan Harold Brunvand)在《消失的搭车客》中所言,人们花时间讲述和聆听传说,不仅仅是因为其奇异有趣的情节,更深层的原因是它们真实地传达出创造者和传播者所处的语境以及由此产生的社会心理。如果有什么能突然间一夜成名,它一定暗合了社会的某种共性心态。

读书笔记

29 "四两千斤","软柔轻快"

案例观察

海澜之家的赚钱套路

海澜之家的商业模式和运营手法，绝对是商战中极其经典的案例。

海澜之家不是一家卖男装的公司，而是一家卖理财产品的公司！海澜之家逆势猛增的绝招是"软柔轻快"的商业模式。陈轩用14个字来总结，就是：托管加盟做渠道，委托代销搞生产。

海澜之家上游15000多家供应商，负责生产设计；下游5000多家加盟商，负责销售。在生产、销售、管理的流程之中，海澜之家只需负责供应链的管理，这正是其轻资产运营的秘密所在。

1. 托管加盟做渠道

在渠道建设上，海澜之家采用托管加盟的方式经营。

海澜之家负责提供品牌和管理；投资者无需缴纳加盟费，但需要拿出100万元的保证金和100万元的装修费。保证金100万元交给公司总部，期限为5年，到期退还；100万元的装修费，作为店铺的设计和装修费用；其他诸如租金、人员工资等费用也是由加盟商出。

加盟之后，对于加盟店的具体经营，加盟商可以不必深入了解，门店的内部管理人员都由海澜之家总部进行培训，商品由海澜之家总部统一配送，全国统一定价，库存由总部统一回收，其实也是甩给了工厂。

海澜之家与加盟商之间的销售业务则采用委托代销模式，公司向线下门店提供商品，实现的销售利润加盟商取其中68%，另外的32%则归海澜之家所有。这种运营模式下，加盟商相当于买了一个理财产品，几乎是坐享分成，只需要投入资金，主要管理交由海澜之家负责。

2. 委托代销搞生产

在生产上，海澜之家采用委托代销的模式。

15000多家服装生产制造供应商负责设计服装样式，交由海澜之家总部挑选审核后再下订单，供应商采用赊销的方式将商品提供给海澜之家。

海澜之家将服装的加工生产业务外包给了一万多家服装生产制造供应商，其自身不必建造生产车间，没有厂房、机械设备等固定资产，不会出现大量固定资产沉淀资金的问题。

数据显示，海澜之家的固定资产占总资产的比重是逐年下降的：从2010年的25.53%下降到了2015年的10.35%。固定资产的减少意味着企业流动资产的增多，资金灵活性很大，投资回报率更高。同时流动资产会提升企业一部分的变现能力，在出现意外情况时，可以较快速地获取资金来抵御风险。

陈轩总结一下海澜之家的玩法：

生产端免费帮海澜之家生产，销售端免费帮海澜之家提供资金建店，海澜之家将经营风险分摊到供应商和加盟商身上。这便是典型的轻资产经营的商业模式。这样的商业模式不仅使海澜之家节约了大量的经营管理成本,更降低了商业运营的风险。

互联网营销年代,不再是一个埋头苦干的年代,只有跳着走,蹦着跑,双脚悬空地飞,才能跟上时代发展的步伐。如何实现企业稳定、高速、持久的发展?需要掌握轻资产的运营方法,沉重必将被淘汰,轻盈才是美好的。

以"轻资产"的方法扩张,将获得更强的盈利能力、更快的发展速度与更持续的增长力。轻资产就是阿基米德撬起地球的那个支点,就是平衡低成本和高效用的工具,就是"用最少的资金去撬动最大的资源,赚取最多的利润",就是少花钱多办事,花小钱办大事,不花钱也办事,花别人的钱办自己的事。

读书笔记

30 利益情感，打造爆款

案例观察

改个名字，销量就能翻 6 倍

有一位盲人拿着一张纸板，坐在街边乞讨，纸板上写着：I'm blind. Please help me（我是盲人，请帮帮我）。

大街上虽然人来人往，大家却都熟视无睹。后来，有一个女孩走过来，帮盲人在纸板上重新写道：It's a beautiful day, but I can't see it（今天是美好的一天，但我看不到）。很快，给盲人捐钱的行人开始多了起来。

这就是爆品营销中情感的力量。情感是爆品的魔咒，占领的是心灵份额。

8年前，陈轩为一家蓝莓饮料企业做营销。企业老板拿出产品手册，陈轩一看，密密麻麻12个卖点，全都是在说益处：比如能改善皮肤，能助益睡眠，能提高视力，能增强体质……就差说这是神药了。

最终，陈轩帮这个"野果王"品牌改名为"北纬52°"（因为其工厂在中国最北端的漠河），宣传Slogan（标语）换作"北纬52°，爱恋你的眼！"，再加上从包装到渠道重新规划，此品牌跻身蓝莓品类销售前列，当年销售额翻了好几倍。

再举个线上的例子：2016年2月，陈轩在微博上做过一场活动，3天获得了2157次转发和1605条评论，而费用只有区区300多元的礼品采购费。

这场活动的主题是"开学季，替妈妈给宝贝送礼物"，召唤妈妈转发微博且@两位好友，说出想送宝宝什么礼物，我们来抽奖。这是典型的融利益与情感的爆品。

此次策划有两个关键点：一是给妈妈们一个强有力的转发和参与理由。母爱，这个理由如何呢？二是要给妈妈们一个宣扬母爱的通道，当时还有比微博更合适的平台吗？

2012年伦敦奥运会上，刘翔摔倒退赛，耐克迅速发出一张海报——"爱运动，即使它伤了你的心"，这张海报被疯狂转发。耐克的这一举动替大众宣泄遗憾，又以对运动的热爱宽慰伤心的大众。这已经是脱离利益谈价值观的高度了。

谈情感离不开对人性的洞察。情感探索，本质上是借助投射和投射性认同的力量。如同粉丝对明星的预期，目的是击败自我孤独和焦虑感，获得陪伴感和安全感。

品牌的本质，是承载了人类情感的、经过市场认证的故事。耐克承载自我奋斗的故事，可口可乐承载全家欢乐分享的故事，苹果承载内省蜕变的故事。用故事去升华情感，用情感为品牌加持。

利益、情感，是爆品养成的策划主线。利益缺乏力量，情感能建立深刻的关联，而故事是激发情感的捷径。企业要尽早摆脱单纯的产品卖点表述，激发受众内心深处的情感，这才是真正创造爆品的开始。

31 刀尖跳舞,三级分销

案例观察

两年赚到 3 个亿的传销骗局

7个没结婚的"90后",教别人如何教育子女,两年时间收入就过亿,但最终的结局是戴着镣铐上法庭。"微课传奇"APP的这种增长其实是"玩火自焚"!

"微课传奇"根据购买课程金额,将其APP用户逐级划分为六级,依次是VIP、顾问、省代、总代、合伙人、分公司。

层级最低的VIP会员需要交纳365元,最高的分公司需交纳20万元。成为"微课传奇"的上述6个级别的用户后,发展下线购买课程,能获得推荐奖等奖励。

▲直接发展一名VIP用户,可以获得50元的"奖学金"。

▲顾问、省代、总代、合伙人发展同级别用

户，可以获得上级利润的 50% 作为奖金。

▲分公司发展同级别用户，可以获得上级利润的 20% 作为奖金。

▲当下线再发展一名同级别用户时，就可以获得上级利润的 10% 作为奖金。

▲除了返利外，用户还能获得分公司团队奖和分红奖。

▲当直接推荐分公司达到 5 人，且间接推荐分公司达到 20 人时，可拿到业绩的 5% 作为团队奖。

▲根据发展下线的级别不同，还能获得相应的积分以及所有分公司业绩的分红奖。

"微课传奇"就是这样根据自己制定的这套奖金分配制度，以推销 VIP 会员为由，不断吸引参与者交纳高额入门费，以实现"两年 3 个亿"的高速增长。

创业就是赛车，营销就是换挡，增长就是踩油门，在你全力以赴加速超车之前，一定记住踩刹车，这才是保命的关键。"微课传奇"的亡命增长带给我们以下警示。

1. 追求破局，一定要远离传销

传销定罪过程中，即使你不知道传销犯罪，但是卷入其中的话，也会被定罪，即所谓"即使不知也不影响定罪"。

传销之所以受到严重打击，在于其本质上是一场"庞氏骗局"，整个组织没有真实合法的收入来源，而仅以发展新成员获得入门费进行分成来维持暴利假象，一旦不可持续，整个组织随之崩塌。此时顶层组织者、参与者已经获得了暴利，而新近加入的参与者支付的费用则血本无归。

2. 分利层级不要超过两层

分利层级超过两层的，易陷入传销。比如，花生日记被罚款，就是因为多增加了一个超级会员的层级，成为三级分销的铁证。

3. "拉人头"和"入门费"营销模式被直接划定为传销

"拉人头"式是指以发展的下级人员数量计算报酬，"入门费"式是指交纳或变相交纳费用取得加入或发展其他人员加入的资格。但在商业实践中，单纯地发展人员加入或者交纳费用加入并不当然地构成传销。

前者的合理模式如京东、知乎等"拉人返现"推广模式，后者的合理模式如加入美团买菜、每日优鲜交纳会员费等。

"拉人头"是行为表现，获取"入门费"是行为目的，两者是同一行为的不同方面。"拉人头"不要求交纳"入门费"的，没有按人头分配的资金基础；交纳"入门费"而不"拉人头"的，没有分成的层级结构。

4. 薪酬设计中要防止陷入"团队计酬"式经营型传销

我国对传销的界定，主要是从"拉人头""入门费""团队计酬"这三种形式出发的。一旦你制定了"以下线销售业绩为依据计算和给付上线报酬"的抽成规则，就符合了"团队计酬"的形式要件。

"团队计酬"式与"拉人头"式的区别是以销售业绩计酬还是以发展人员数量计酬；与"入

门费"式的区别在于,是以自身销售收入以外的其他收入为主要计酬依据,还是以"入门费"为主要计酬依据。在将"拉人头"式和"入门费"式结合认定之后,可以发现"团队计酬"式与前两者存在较大的不同:前两者是性质合法问题,后者更多的是比例合理问题。

根据我国刑法对组织、领导传销活动罪的相关规定,"拉人头"式和"入门费"式属于不具备真实经营的诈骗型传销;"团队计酬"式属于经营型传销,情节严重的应当按照非法经营罪处罚。因此,"团队计酬"式传销的规制逻辑与"拉人头"式、"入门费"式传销不同,更多是出于经营结构合理性的考虑。目前,我国对部分多层次直销,通过行政许可的方式允许其经营存续,由此可知,"团队计酬"形式本身可能存在合理空间。

32 意见领袖，种草变现

案例观察

8个月增长50倍的完美日记

完美日记成立于2016年,主打唇膏、唇釉和眼影等红海产品。淘宝获客成本高,完美日记又是后来者,那么如何在红海中跳出来?最终,完美日记交出了"完美"答案:8个月时间销量增长了50倍。2018年,天猫成交金额达到6.5亿元,旗舰店月销5212万元,月销量106万件。在流量大分散的时代,完美日记为我们树立了同质化产品破局的标杆和典范。

完美日记转化成功有三个关键。

1. 选小红书作为品牌根据地

完美日记兜兜转转摸索一年之后,选小红书作为根据地。2017年7月,完美日记在天猫销售,但销售额一般。2018年2月,完美日记将小红书作为营销主战场。当时,小红书的用户95%

都是女生,从营销效果和效率看,无疑是"攻心洗脑打爆品"之最优选。完美日记在小红书的官方号拥有200多万粉丝,而完美日记的相关笔记数达到上万条。

2. 整合大V大号做宣发

在完美日记的众多产品中,主推并不多,打爆款策略非常明显。每一个爆款流行的背后,都有一个或几个非常关键的人物。如何引爆流行打爆款,任务落在了大V和大号的肩膀上。

增长黑盒(Growth Box)整理发现,完美日记选"病毒营销携带者"颇有技巧,以腰部达人和初级达人为主,而对头部网红,只请其蜻蜓点水出出场。最后的效果是不仅省钱,还有声量,更有销量。明星、知名KOL、头部达人、腰部达人、初级达人、素人的投放比例为:1∶1∶3∶46∶100∶150。大V和大号充当了"联络员"+"内行"+"超级销售员"三位一体的角色。

3. 聚焦"两节"推新打爆款

根据增长黑盒的追溯,完美日记某年3月

13日推"十二色动物眼影"的节奏如下。

▲上线前期（3月5日—3月15日）：多位百万粉丝的大V发布产品分享帖。

▲上线中期（3月16日—3月31日）：完美日记官方账号推出"探险家动物眼影"的话题分享和转发抽奖活动，多位拥有5万—50万粉丝的博主分享产品测评。

▲上线后期（4月1日—4月15日）：大量拥有300—5000粉丝的博主分享测评，塑造良好口碑。

每年3—4月、8—9月集中投放，扩大声量，为"618"和"双十一"造势暖场，并趁热打铁，靠小红书、微博、抖音等平台打造一到两款爆品，预热、促销、维护，总共用时一个半月。投放之后，产品销量均能大幅拉升。

随着互联网渗透各行各业，病毒营销必然是未来10年的主流营销模式。平滑无摩擦、边际效应为零、内容电商离钱最近，其真正达到了"信息流出来，现金流进来"。用魔镜查完美日记旗舰店的销量可知，自然搜索带来的曝光达到付费曝光的80—150倍，品牌拉力明显。

资本第一、流量第二、运营第三，是互联网时代的商业规则；资源第一、渠道第二、定位第三，是旧经济时代的商业规则。

完美日记，短期内算成功，长期来看，不好说。为什么？因为它没做定位。定位和流量的关系，有点像芝加哥学派和凯恩斯学派之间的冲突。芝加哥学派的经济学家有一句口头禅：长期来看，市场会发挥作用。而凯恩斯学派的经济学家反驳道：长期来看，我们都会死的。市场在我们死了之后发挥作用，这有什么用？

读书笔记

33 公域流量，既贵又假

案例观察

从淘宝/天猫看公域营销的末路

陈轩首先要明确一下什么叫公域流量。

公域流量就是公共流量,不属于某个人或单位,被集体共有,常见的公域流量平台有淘宝、百度、京东、拼多多、美团、头条、抖音、快手、小红书、大众点评、汽车之家等。对于平台中的个体而言,他们只能选择付费获得平台流量。举个例子来说,作为一家饮料企业的老板,你全年一共花了2000万元在淘宝/天猫购买直通车服务,而淘宝/天猫给了你100万个潜在客户的流量,也就是说,在淘宝/天猫将有100万人看到企业的产品。至此,公域流量的买卖结束了。最终这100万人里,有多少人会花钱购买你的产品,那就是你的转化的问题了:你的产品有没有竞争力?广告做得好不好?产品图片诱不诱人？

100万个潜在客户的流量用完了，你若想再要100万个潜在客户，那就只能再花2000万元，"花钱就有，用了就走"，这就是公域流量营销的特点。

好多人会问陈轩以下这个问题：线下的零售店，是属于公域流量模式，还是私域流量模式？

陈轩的回答是：这也是公域流量模式。

你通过支付租金的方式，把店开在校门口、市中心、地铁站、医院边，无论你开的是按摩店、药店、餐饮店还是房产中介，实质上你都是通过支付租金买客流，这都是公域流量的模式。区别就是线上辐射全国乃至全世界，线下也就周边一公里的商圈。

无论你是线上运营还是线下运营，只要你是向公共平台购买流量，那么你选择的都是公域流量模式。流量隶属于平台，按次卖给你。你付一次钱，只能获得一次流量。

所以对于企业而言，第一个要面对的问题就

是流量太贵了。

购买流量面临竞价机制。假如你是一家企业的老板,你花20元买一个潜在客户,如果你的同行出价25元呢?这样的话,你的产品基本上就没有曝光机会了。或者只能获取垃圾时段的曝光,这样也会导致转化率极低。

由于以上问题,很多质优价廉的品类没法做下去。比如获客成本是60元一个客户,一种产品的零售价是50元,生产成本是25元,卖一单亏35元。这让企业怎么玩?结果只能以次充好,劣币驱逐良币。

线下也是一样。以前房租低,线下利润还不错;现在房价高,导致房租水涨船高,企业赚的钱被房租吃掉了一大块。一般来说,高利润的房产中介公司、药店、理发店等通常占据了最好的地理位置。

第二个问题是流量越来越稀缺。

这个不难理解。移动互联网已经进入尾期,各个平台的增长率已经见顶。没有了增量,剩下的只有存量搏杀，这进一步推高了整体上企业的获客成本和流量费用。

2009年之前的淘宝/天猫处于成长期，作为平台，淘宝/天猫获取客户的成本很低，向企业要的流量费也不高，但现在红利期结束，淘宝/天猫流量增长乏力，获客成本暴增，自然会转嫁给企业，导致线上的流量费用也是翻着番地往上涨。之前蛋糕年年变大，大家都是台风中的飞猪，现在风停了，企业就吃不饱了，猪也摔个鼻青脸肿。

除了流量越来越少，公域流量最大的问题就是转化率太低。它是典型的漏斗型模式，客户要历经"随便逛逛、比比价格、看看评价、满意回购"四个流程。每个流程都会丧失大量流量，最终能有1%—3%的转化率就相当不错了。在公域流量中，过路客的无效流量占了大多数，传统营销尤其是4A广告公司那种玩认知度、忠诚度、美誉度的做法根本玩不转。这也是当下公域流量玩家大多亏损的关键原因。

第三个问题就是存在流量造假问题。

企业方往往是没有能力对流量的真假做出判断的,有时会遇到真金白银买假流量的情况,没有比这更冤的事情了。

总之,公域流量越来越贵,越来越少,甚至存在造假,这三点体现了公域流量营销方式的局限。

34 私域营销，便宜好用

案例观察

从小面馆看私域营销的特点和打法

为什么现在大家都这么关注私域流量？

正是由于公域流量太贵、太稀缺，甚至存在作假，私域营销才越来越火。2020年被称为私域流量元年，前几年因为疫情，私域营销更加紧迫和实用。为什么要做私域营销？两个词总结就是：便宜、好用。

私域流量为什么便宜？

私域流量是从公域流量转移来的。刚开始的时候，公域流量是廉价而且高效的。随着互联网的发展和市场竞争的加剧，公域流量不断涨价，获客成本持续增高，在这种情况下，私域营销随之兴起。

陈轩给私域流量下个定义：私域流量是以用户运营为核心，属于单一个体和组织自有的、一次获取后能反复利用、能开展个性化运营的用户资产。比如微信、朋友圈、公众号、企业微信、视频号、品牌官网、品牌自营APP、品牌微博群、电商粉丝群等。这两年抖音、快手、B站等平台的私域流量增长较快，但在使用频次、用户时长和渗透率上，微信系还是私域流量领域当之无愧的王者。

私域流量才是真真正正自己的流量！一旦拥有，便不用花钱买平台的流量，也不用刷脸找各种场景蹭流量。比如，卖鞋的商店，以前是开店铺获客，客户买鞋付款，关系随之结束。现在商场的导购会对顾客说："我加您微信吧！有促销活动和上新品时，能及时通知您。"如此一来，顾客和鞋店就从一次性的关系，借助企业微信的链接，变成了长期关系。导购将客户集中在微信群中集中运营。广告费、推广费，甚至连短信费都直接省掉了。

私域流量为什么好用？有三个原因。

第一，私域流量集聚的是精准客户、容易

成交。

第二，在私域流量内，你能频繁和客户互动，能不断创造交易机会。

第三，私域流量内容对消费者购买决策的影响更大。

私域流量是经过筛选的流量。对品牌不感兴趣的客户肯定也不会加入你的企业微信群。如果客户对品牌感兴趣，加入企业微信群，以后愿意掏钱购买的成交机会就很高。这就是精准带来的好处。

同时因为私域流量在你手里，你可以主动、频繁地和消费者互动沟通，创造销售机会。比如，面馆老板建一个老客户企业微信群。因为群内成员都是"爱面人士"，所以面馆每次推出新面品种时，老客户们都很有兴趣过来尝一尝。同时，即使客户在外地出差，也能在群里看到令人流口水的面条照片，等回来后来面馆品尝。企业微信群能吸引客户们"常回家看看"。

因为私域流量建立在相互信任的基础上，群

里的成员喜欢面馆的面,也认识和信任面馆老板,所以只要店老板往群里投放优惠券,一般而言,群成员就会抢,这样就能直接形成预订和下单。比如,深圳卖榴莲比萨的乐凯撒,3天卖出了40万张复购券,带来600万单的营业额。

私域流量具有两个鲜明的特点:

一是流量归自己所有,可反复触达;

二是适合精准营销,转化率极高。

对于私域流量池的系统打法,其实关注三个层面即可。

一是总策略。将公域流量转成私域流量,在私域流量内实现粉丝会员的深度运营和销售转化。

二是流量池的5个层级。这5个层级为:(1)抖音、快手、小红书、知乎、微博、淘宝、美团、线下店等公域流量;(2)个人号;(3)企业微信群;(4)微信公众号;(5)小程序、商城。

三是5个层级的任务分工。这5个层级的任务分工为:(1)抖音、快手、小红书、知乎、微博、淘宝、美团、线下店等公域流量平台是建立私域流量池的源头;(2)个人号要通过朋友圈曝光、创建人设、获得信任,形成交易的战场;(3)企业微信群是经营用户的私域流量主战场,是降低成本、提升销售额和利润的关键场域;(4)微信公众号是企业的对外发言人和CRM(Customer Relationship Management,客户关系管理)工具,通过订阅号输出内容来获取用户,通过服务号开发接口,深度运营;(5)小程序和商城实现交易,收集好评,积累数据,沉淀客户。

35 金融属性，指数裂变

案例观察

泡泡玛特如何做增长

到底谁在买泡泡玛特的产品?

泡泡玛特的 CFO 曾经透露过,泡泡玛特的用户画像年龄段是 15—35 岁,75% 的用户是女性白领,58% 的用户年龄是在 30 岁以下,其中 Z 世代(通常指 1995 年至 2009 年出生的一代人)占比 32%。

Z 世代的典型特征之一是偏好社交性,而社交在新时代产品设计和营销中起着核心作用。社交是 Z 世代人群的一个重要消费动机,65% 的 Z 世代人群想和朋友有共同语言。

消费能带来谈资和社交的资本,泡泡玛特的盲盒可以帮他们建立圈子、打造共同话语。一些 Z 世代人群未必多喜欢盲盒,他们购买泡泡玛特的产品,只是不想被同龄人排挤。

泡泡玛特为了获取 Z 世代人群，可谓不遗余力。2017 年泡泡玛特注册会员有 30 万人，2018 年有 70 万会员，2019 年增长至 220 万人，2020 年达到 360 万会员，会员数量一路攀升。与此同时，重购率也在增加，2020 年达到 58%。这些会员集中在一、二线城市，以年轻女性为主，她们构成了泡泡玛特的核心用户。

在获取 Z 世代用户信赖的过程中，拆盲盒就是最具仪式感的群体试验。阿里巴巴公布过一个数据：在"95 后"玩家剁手力排行榜中，盲盒已经成为"95 后"最烧钱的爱好。有 20 万消费者平均花费超过 2 万元用在盲盒上，更有人一年花费百万元买盲盒。买盲盒成瘾，是泡泡玛特不愿意提及的增长核心，也是你在别处看不到的营销秘密。

泡泡玛特卖的不是玩具，也不是盲盒，更不是 IP，卖的是一个赚钱的欲望。一款盲盒从 59 元增值到 2350 元，有如此大的增值空间，足以让二、三级市场疯狂起来。在使用价值之上增加储存价值,这种金融投资属性,让泡泡玛特的丑萌小玩具无限传递,在次级市场持续旺盛。

大部分泡泡玛特玩家都想拿盲盒来赚钱。玩家要购入大量的盲盒来积累隐藏款,进而升值炒作,这种操作形成实际上的资金涌入,成为目前泡泡玛特销量暴涨的根本原因。

36 认清自己,招对人才

案例观察

小米和特斯拉如何招人

都说创业就是融资、融人、融智，那么创业CEO到底该如何经营人力资源？如何让人才为你抬轿子、打江山、赚大钱，而不是摸鱼、挖坑、掣肘、拆台，或从你这里学到本事后，转身跳槽、获得加薪、升职，且回头还骂你资本家？若是这样，你这老板可当得太冤了。

如何将人力资源和公司业务战略做适配？思考框架如何搭建？如何审视竞争策略、理顺业务战略，进而制定人力资源战略？

陈轩以小米和特斯拉的招人策略为例，争取把这些问题的答案说清楚。

第一，知人断事的能力是创业者最核心的能力。如果这方面弱，你迟早要下台或者倒台。

第二，创业前，首先要找到自己的核心竞

争力。

核心竞争力有三个特点：独特性、高价值和迁延性。要靠着这三个特点去确定自己的核心竞争力。要用 100 个字把你的核心竞争力说清楚，这是创业的前提。

所有不符合自己核心竞争力的业务都不要碰，比如比特币。所有不符合自己核心竞争力的钱都不要赚，比如买彩票和炒房子。

知识就是力量，知识就是财富，对商业中的核心概念和模型，创业者一定要足够重视，这里面有太多血泪教训，千万不能小看！一定要做机会成本最低的行业。聚焦自己的核心竞争力去创业、去赚钱，就是机会成本最低的事。你要守住这一点，这是成功的地基和根基。

第三，搞清楚自己的核心竞争力后，接下来要深度分析你所处的行业和经营的业务，确定竞争战略。

竞争战略无外乎低成本或者差异化。

小米采取的是低成本竞争战略。这是由它的

核心竞争力决定的。当时面对"诺摩中华酷联"(诺基亚、摩托罗拉、中兴、华为、酷派、联想)六座大山,小米作为一个之前卖光盘的公司,是没有核心技术的,但综合运营能力相当出众,所以小米要出头,只能玩低成本竞争战略:抛开传统渠道和传统广告,做新媒体、自媒体、电商渠道和预售制,将成本压缩到极致。

低成本竞争战略的路径是:低利润—高销量。业务战略的配合需要:大量稳定的产品或服务供应—大量重复的标准销售人员和渠道。

核心竞争力决定了竞争战略,竞争战略决定了业务战略,业务战略决定了人才战略。这就注定了小米创始人雷军必须变成一个"挖人小能手",而且必须成建制地挖"熟手"和"成手",如华为的杨柘、联想的常程等,都被他挖到了自己的阵营中。

雷军曾说,创业初期,他80%的时间都是在挖人。这一点也不奇怪,竞争战略决定了业务战略,业务战略决定了人才战略。雷军是个明白人。

这些人必须是熟手，自带技能包和通讯录。简单整合后，立即冲锋陷阵。这种业务模式，决定了你根本不能也没必要培养人才，想要培养人才必死。为什么？利润太薄，销售压力太大。你要招聘生手，五大成本（招聘成本、培养成本、机会成本、沉没成本、重置成本），立马压了过来，选错了人，这五座大山压死你。

差异化竞争战略的路径是：精准体验销售—高利润。业务战略的配合需要：顾问式营销—供给侧高密度创新。

特斯拉采取的是差异化竞争战略。特斯拉的核心竞争力是技术，这要求埃隆·马斯克必须培养与企业相融合的高潜能人才，只有这样才能产生深度创意。

比如，在特斯拉体验店里，陈轩认识很多销售人员，这些销售人员是刚回国的海归，有学工业设计的，有学金融的。特斯拉作为崇尚深度创意和创新的企业，要招聘的是高潜力和高潜能的人才，而不是拿来就能用的人。

所以，这一类创业公司在人力资源设置上，要寻找各行各业跨界型人才，实现更深度的创新孵化。这时候如果像小米那样四处挖人，其实就锁死了自己的发展空间，因为竞争套路不一样。

第四，玩技术，还是玩运营？

每个创业公司的老总一定要好好琢磨一下自己的核心竞争力。要严格按照自己的核心竞争力来规划自己的竞争战略，再根据自己的竞争战略规划自己的业务模型，业务模型搞定之后，进而确立自己的人力资源战略的打法。

记住千万不要玩反了。玩运营的跑去招聘管理培训生，玩技术的四处大张旗鼓地去同行挖人。这都不靠谱，随之而来的必然是高成本、低效益，人力资源经理天天努力地给你挖坑。

厘清了核心竞争力、竞争战略、业务战略和人力资源战略，才能"先为不可胜，以待敌之可胜"。放下心来，做时间的朋友！